CHINA PANORAMA

Intermediate Chinese

Book I

中国全景

中级汉语

第一册

吴叔平　主编

中华人民共和国教育部
对外汉语教学发展中心　组编审订

YUWEN PRESS
语文出版社

《中国全景—中级汉语》 1—3册

顾　　问　姜明宝　吕必松

主　　编　吴叔平
编　　者　赵　娅　田桂文
英文翻译　赵　娅
英文校订　熊文华
　　　　　Andrew G. Macdonald

责任编辑　陈红玉
封面设计　赖积华

中国全景—中级汉语

第一册

中华人民共和国教育部
对外汉语教学发展中心　组编审订

*

语文出版社出版

100010　北京朝阳门南小街51号
北京印刷二厂　印刷
850毫米×1168毫米　1/16　9印张
2000年1月第1版　2000年1月第1次印刷
定价：36.00元
ISBN 7-80126-498-3/G·350

前　言

《中国全景》是由中华人民共和国教育部对外汉语教学发展中心约请从事对外汉语教学的专家编写的系列教材。

《中国全景》是专门为美国SCOLA电视网广大汉语学习者编写的，同时也适用于其他以英语为母语或以英语为媒介语的学习者。

《中国全景》由《汉语语音》、《初级汉语》、《中级汉语》、《商贸汉语》、《旅游汉语》等组成初级、中级、高级三个层次的系列。《汉语语音》、《初级汉语》为初级教材，《中级汉语》为中级教材，《商贸汉语》、《旅游汉语》为高级教材。这三个层次的教材既相互衔接，又自成系统，相对独立。学习者可根据需要予以选用。

《中国全景》的各类教材都配有录音带和录像带，供学习者使用。

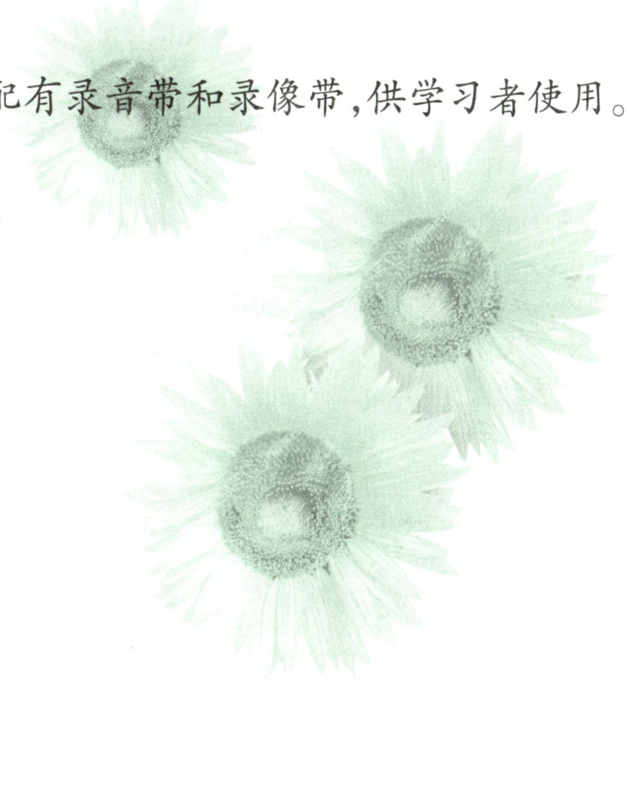

Foreword

China Panorama is a series of Chinese textbooks prepared by a group of TCFL experts invited by The Development Centre for Teaching Chinese as a Foreign Language Under the Ministry of Education of P. R. China .

China Panorama is specially devised for the American learners of SCOLA TV networks, equally effective for native speakers of English and those who use English as a medium of instruction.

China Panorama consists of textbooks of various levels including ***Chinese Phonetics, Approaching Chinese, Intermediate Chinese, Chinese for Business*** and ***Chinese for Tourism.*** The first two books are meant for beginners, the third is devised for intermediate learners and the last two are prepared for advanced users. While connected with one another they remain independent and systematic.

China Panorama is accompanied by both audio and video tapes for learners to choose from.

编写说明

一、《中国全景——中级汉语》跟《中国全景——初级汉语》相衔接，适合于已学过1000个左右基本词汇，学过汉语基础语法的学习者使用。

二、《中国全景——中级汉语》全书共100集，分三册出版，第一册为三十集，第二册为四十集，第三册为三十集。每集由课文、生词、注释、练习等四个部分组成。为便于学习者使用，生词和注释的讲解以及练习中的提示都有英文翻译。

1. 课文——课文内容以外国人在中国生活、工作、游览等话题展开，力求实用，使学习者感兴趣。课文全部为情景对话，每集都注明情景、人物和地点等。全书共十个单元，每一单元安排一次复习。

2. 生词——多数生词注有词性，个别词语和成语等未注词性。

3. 注释——注释内容仅限于课文中的一些语言现象，在《中国全景——初级汉语》的基础上加以扩展和归纳，讲解力求避免语法术语，以实例模仿为主，使学习者理解并掌握较复杂的句式和语法内容。

4. 练习——以理解、模仿为主，通过大量的练习，巩固当课所学的内容。

编者

1999年4月

Introduction

China Panorama—Intermediate Chinese is geared towards those students who have completed the *China Panorama — Approaching Chinese* course. This course is also suitable for those students who possess a vocabulary of approximately 1000 words.

China Panorama—Intermediate Chinese consists of 100 lessons and is divided into three volumes. Each lesson consists of four parts: a text, new vocabulary, notes on grammar and usage, and practice exercises. For the intermediate level student, all new words, notes and exercise directions are accompanied with English translations.

The contents of each lesson focus on topics concerning the overseas experience in China, whether it be living in, working in or sightseeing within China. Moreover, since all of the texts are composed of dialogue using conversational Chinese from everyday situations, the intermediate level student should find each lesson both practical and interesting.

Most of the new words, except some terms and idioms, are given with their parts of speech.

The notes on grammar and usage are based upon the language used in texts and provide a strong foundation when studied in conjunction with *China Panorama—Approaching Chinese*. In order to help students better understand and grasp complicated grammatical patterns, concrete examples of usage are used in the notes instead of complicated grammatical explanations.

The practice exercises focus on comprehension and repetition. Students should be able to master what they have learned through completing the numerous exercises found in each lesson.

The course books are provided with cassettes and video tapes for those who plan on teaching or studying this course outside classroom.

Editors

April 1999

目　录

第一集 你汉语说得真好

课　文 *Text*

（人物：一位海关官员和路易斯）
（地点：机场海关）
（情景：路易斯背着背包，手里拿着机票、护照走向机场海关）

官　员：	您好！欢迎您到中国来。
路易斯：	您好！我是第一次来到你们国家，请多关照！
官　员：	啊！您汉语说得真好。
路易斯：	哪里，我才学了两年，我该办什么手续？
官　员：	您是来经商还是来旅游？请您填一下入境卡，请把您的护照给我看一下。（路易斯接过入境卡）
路易斯：	这样写可以吗？这是我的护照，我是来访问的，当然，也想游览一下名胜古迹。
官　员：	您的入境手续办完了，希望您在中国生活得愉快。
路易斯：	谢谢。

生　词 *New Words*

1. 海关	（名）	hǎiguān	customhousc; customs
2. 官员	（名）	guānyuán	official
3. 背包	（名）	bèibāo	a knapsack
4. 护照	（名）	hùzhào	passport
5. 关照	（动）	guānzhào	to take care; to notify

6. 才	（副）	cái	just; only
7. 办	（动）	bàn	to manage; to handle
8. 经商		jīng shāng	to engage in trade
9. 入境卡	（名）	rùjìngkǎ	entry permit
10. 访问	（动）	fǎngwèn	to call on; to visit
11. 游览	（动）	yóulǎn	to go sightseeing
12. 愉快	（形）	yúkuài	happy; pleased

注释 *Notes*

1. 您汉语说得真好。

"说得真好"这一结构的形式是"V＋得 ＋ adj."，用来说明动作进行得怎么样，表示程度的高低。例如：

The structure 说得真好 is V＋得＋adj. , which shows how the action is carried out. The structure is used to indicate degree. For example:

(1) 他汉字写得很快。
(2) 我朋友书看得多。
(3) 他房间打扫得很干净。

"说得真好"的否定是"说得不好"，结构形式是"V＋得＋不＋adj."。例如：

The negative form of 说得真好 is 说得不好, which should be V＋得＋不＋adj.. For example:

(1) 他汉字写得不快。
(2) 我朋友书看得不多。
(3) 他房间打扫得不干净。

2. 我才学了两年，……。

副词“才”表示说话人认为时间短或数量少。在有“才”的句子中，动词后边常常有助词“了”。结构形式是才+V+(了)+数量词+O 。例如：

The adverb 才 indicates *a short period of time or a small number from the speaker's viewpoint.* In such a sentence, the particle 了 is often used after the verb. The sentence structure of this usage should be 才+V+(了)+数量词+O. For example:

(1) 我才看了两个小时书。
(2) 昨天他才睡四个小时。
(3) 早上他才喝了一杯咖啡。

3. 您是来经商还是来旅游?

“是”和“还是”可以组合成表示进行选择的疑问句。结构形式是“S+是+V+O+还是+V+O”。例如：

是 and 还是 combine to form an alternative question. The structure of such a sentence is S+是+V+O+还是+V+O. For example:

(1) 他是吃面包还是喝咖啡?
(2) 你是去买东西还是去看朋友?
(3) 你是发传真还是打电话?

4. 我是来访问的。

“是……的”用来强调说明已经发生的动作的时间、地点、方式等。结构形式通常是“S+是+V+O+的”或“是+S+V+O+的”。例如：

The structure 是……的 is used to emphasize the time, the place or the way of an action occurred. The structure of such sentence is S+是+V+O+的 or 是+S+V+O+的. For example:

(1) 我是从美国来的。
(2) 这消息是朋友告诉我的。
(3) 我们是昨天去公园的。

练　习 *Exercises*

一、请把下列词语连成词组：

Connect the appropriate words from the two columns below to form phrases:

游览	汉语
办	入境卡
填	名胜古迹
说	手续

二、根据课文内容选择下列句子的正确答案：

Choose the right answer according to the text:

1. 路易斯来中国是为了

   a. 学习　　b. 访问　　c. 经商

2. 路易斯到了机场，海关官员要看他的

   a. 工作证　　b. 护照　　c. 入境卡

3. 路易斯到了机场海关要办

   a. 护照手续　　b. 访问手续　　c. 入境手续

4. 路易斯的汉语说得

   a. 好极了　　b. 不好　　c. 还可以

三、根据课文内容区别下列句子的正误：（✓）（×）

Indicate whether the following statements are true or false according to the text:

1. 路易斯不是第一次来中国。（　　）
2. 路易斯来中国是为了游览中国的名胜古迹。（　　）
3. 路易斯学了两年汉语。（　　）
4. 路易斯带了很多行李。（　　）

四、请把下面的词语组成句子：

Arrange the following words in their correct order:

1 来　　欢迎　　到　　您　　中国

____

2 吗　　写　　可以　　这样　　我

____

3 是　　还是　　你　　来经商的　　来旅游的

____

4 在中国　　您　　愉快　　生活得　　希望

____

第二集 一路上辛苦了

课 文 Text

（人物：张明和路易斯）
（机场旅客出口处）
（情景：张明远远望见路易斯推着手推车朝机场出口处走来）

张 明：	（向远处大声喊）喂！路易斯，你好！我在这儿！
路易斯：	张明，你好！我早就看见你了，等了很长时间了吧？（走近，握手）
张 明：	我刚来不久，没等多少时间，路上顺利吗？
路易斯：	一路上都很顺利，飞机准点到达。
张 明：	很高兴能在北京见到你，辛苦了！
路易斯：	我也很高兴，坐飞机坐得很累，可是，一到北京，见到了老朋友就不累了。
张 明：	我离开美国已经一年了，也真想念你们。现在我们上车先去宾馆吧！
路易斯：	好的！到了北京，都听你的。

生 词 New Words

1.	辛苦	（形）	xīnkǔ	hard; hardship
2.	旅客	（名）	lǚkè	passenger; traveler
3.	推	（动）	tuī	to push
4.	手推车	（名）	shǒutuīchē	wheelbarrow; handcart
5.	朝	（介）	cháo	towards

6. 等	（动）	děng	to wait
7. 路上		lùshang	on the road
8. 顺利	（形）	shùnlì	smoothly
9. 准点		zhǔndiǎn	on time
10. 到达	（动）	dàodá	to arrive; to get to
11. 离开	（动）	líkāi	to leave; to depart from
12. 想念	（动）	xiǎngniàn	to miss

注　释 *Notes*

1. 我早就看见你了，……。

副词"早就"表示动作发生得早。句尾常有助词"了"。结构形式是"早就 + V（或 adj.）"。例如：

The adverb 早就 means *long ago* or *for a long time*. The particle 了 is often used at the end of the sentence. 早就 should be used this way: 早就 + V(or adj.). For example:

（1）我早就认识他。
（2）他们早就下飞机了。
（3）北京的天气早就冷了。

2. 等了很长时间了吧？

"等了很长时间"说明动作持续的时间。结构形式是"V（+ 了）+ 数量词（+ O）"例如：

等了很长时间 tells the time that an action lasts. The structure to describe how long an action lasts should be V (+了) + numeral and measure word(+O). For example:

（1）他在北京住了三年。
（2）每天我写一个小时（汉字）。
（3）你学了多长时间汉语？

3. 我刚来不久，……。

副词"刚"表示动作不久以前发生。结构形式是"刚＋V（adj.）"例如：

The adverb 刚 means *a short time ago* or *just now*. 刚 should be used this way: 刚＋V(adj.). For example:

(1) 我们刚到北京。
(2) 我刚喝了一杯咖啡。
(3) 他刚出去。

4. 辛苦了！

"辛苦了"用来肯定已经出现的情况。结构形式是"adj.＋了"。例如：

The particle 了 is used to confirm that *the situation has already existed*. It should be used like this: adj.＋了. For example:

(1) 这个房间干净了。
(2) 那个地方漂亮了。
(3) 他的汉语流利了。

5. 一到北京，见到了老朋友就不累了。

"一……就……"表示两件事情紧接着发生。结构形式是"一＋V＋就＋V(或 adj.)"例如：

The structure 一……就…… shows that *two actions or situations occur immediately one after the other*. The structure of such sentence should be 一＋V＋就＋V(or adj.). For example:

(1) 他一吃完饭就看电视。
(2) 我一到美国就打听他的地址。
(3) 我一到家，他们就出发了。

练　习 *Exercises*

一、请把下列词语连成词组：
Choose appropriate words from the two columns below to form phrases:

坐 ·	· 辛苦
离开 ·	· 朋友
想念 ·	· 飞机
路上 ·	· 美国

二、根据课文内容选择下列句子的正确答案：
Choose the right answer according to the text:

1.“老朋友”的意思是：

a. 年龄大　　b. 有经验　　c. 原来就认识

2. 张明是什么时候离开美国的？

a. 去年　　b. 今年　　c. 前年

3. 张明和路易斯是在哪儿认识的？

a. 英国　　b. 中国　　c. 美国

4. 他们离开了机场先去哪儿？

a. 银行　　b. 宾馆　　c. 张明家

三、根据课文内容区别下列句子的正误：（√）（×）

Indicate whether the following statements are true or false according to the text:

1. 张明在机场等了很长时间。（　　）
2. 路易斯在飞机上坐得很累。（　　）
3. 路易斯一下飞机就看见了张明。（　　）
4. 路易斯坐的飞机准时到达北京。（　　）

四、请把下面的词语组成句子：

Arrange the following words in their correct order:

1. 看见你　　早就　　了　　我

　　__________________________

2. 顺利　　非常　　一路上

　　__________________________

3. 老朋友　　就　　了　　见到　　不累

　　__________________________

4. 能　　见到　　在北京　　很高兴　　你

　　__________________________

第三集 我有机会亲眼看看了

课 文 *Text*

（人物：张明和路易斯）
（地点：在机场通往宾馆的路上）
（情景：张明和路易斯在汽车上交谈）

路易斯：	这条高速公路是新修的吗？有多长？
张 明：	修了差不多有五年了，全长十多公里。
路易斯：	噢！这路两旁的高楼都是新建的吧？
张 明：	都是新建的，这几年北京建了不少高楼，有居民住宅，有写字楼，有公共建筑等。
路易斯：	真没想到，北京的现代化气息那么浓，以前从电影里看到的北京很古老，大多是平房，是四合院。
张 明：	北京以前确实是这样，后来经过不断改造，城市建设发展得比较快。
路易斯：	尤其是近十年发展得更快吧，你看很多高楼都是新的。
张 明：	到你回国的时候，你原来的印象全都会改变的。
路易斯：	我也这样想，中国人不是常说："百闻不如一见"吗？这次我有机会亲眼看看了。

生 词 *New Words*

1.	机会	（名）	jī huì	chance; opportunity
2.	亲眼	（副）	qīnyǎn	with one's own eyes
3.	高速公路	（名）	gāosù gōnglù	expressway
4.	居民住宅		jūmín zhùzhái	residential private home

5.	现代化	（名）	xiàndàihuà	modernization
6.	浓	（形）	nóng	strong
7.	古老	（形）	gǔlǎo	ancient; age－old
8.	平房	（名）	píngfáng	one－storey house, bungalow
9.	四合院	（名）	sìhéyuàn	a compound with houses around a courtyard
10.	确实	（形、副）	quèshí	definite, really; indeed
11.	城市	（名）	chéngshì	city; town
12.	建设	（动）	jiànshè	to build; to construct
13.	发展	（动）	fāzhǎn	to develop
14.	尤其	（副）	yóuqí	especially
15.	原来	（形）	yuánlái	original; former
16.	印象	（名）	yìnxiàng	impression
17.	改变	（动）	gǎibiàn	to change
18.	百闻不如一见		bǎi wén bù rú yí jiàn	seeing is believing; better to see once than to hear a hundred times

注　释　*Notes*

1. 这条高速公路有多长?

“有多长？”用来提问，也可以说“多长？”，意思一样。结构形式是“（有）＋多＋adj.”。例如：

多 is used to ask about the size, height or length of something. 多 can be replaced by 有多, which expresses the same meaning. The structure of such sentence should be （有）多＋adj.. For example:

(1) 你来美国(有)多久了？
(2) 他（有)多高?
(3) 从这儿到你家(有)多远?

2. 全长十多公里。

"全长十多公里"表示不确定的概数。(意思是:全长是10公里以上,20公里以下。)这种句子里的数词都是两位以上的整数,如:十、百、千等。结构形式是"数词+多+量词(+N)"。例如:

The phrase 十多公里 indicates *an approximate number*, meaning that *the whole distance is more than ten but less than twenty kilometers*. The structure of showing an approximate number is numeral + 多 + measure word(+N). The numeral often contains two or more figures such as ten, hundred or thousand, etc. For example:

(1) 我们班有四十多个学生。
(2) 他买了一百多本书。
(3) 从这儿到纽约有两千多公里。

3. 有居民住宅,有写字楼,有公共建筑等。

"有居民住宅,有写字楼,有公共建筑等"表示列举各种事物。结构形式是"有+N,有+N,有+N……"例如:

The expressions 有……, 有……, 有…… are used to give a list of items. Their formation is 有+N,有+N,有+N……. For example:

(1) 我昨天买了很多东西,有吃的,有穿的,有用的。
(2) 那儿住着很多外国人,有日本人,有美国人,有法国人等等。
(3) 这种衣服的颜色很多,有红色,有黑色,有白色,有蓝色。

4. 中国人不是常说:"百闻不如一见"吗?

"不是……吗?"是一种常见的反问句,它不表示疑问,而是用来表示强调,加强肯定的意思。例如:

不是……吗 is a form of a rhetorical question expressing a positive sense. It is used to make an emphasis. For example:

(1) 你不是喜欢吃中国菜吗?
(2) 你不是看过这个电影吗?
(3) 他的病不是好了吗?

5. 这次我有机会亲眼看看了。

“这次我有机会亲眼看看了”中的“亲眼看看”意思是用自己的眼睛看到。“亲”还可以和人体的“口、手、耳”组成“亲口、亲手、亲耳”等。结构形式是“亲口＋V”“亲手＋V”“亲耳＋V”。例如：

亲眼 means *with one's own eyes.* 亲 can be used with some nouns indicating a part of the human body to form 亲口，亲手 and 亲耳. These combinations can be used like this: 亲口＋V, 亲手＋V or 亲耳＋V. For example:

(1) 我亲口尝了他做的菜。
(2) 她亲手给朋友做了一件生日礼物。
(3) 我亲耳听到这个消息。

练　习 *Exercises*

一、请把下列词语连成词组：
Connect the appropriate words from the two columns below to form phrases:

修	高楼
建	城市建设
改变	高速公路
发展	印象

二、根据课文内容选择下列句子的正确答案：
Choose the right answer according to the text:

1. 这条高速公路已经修了：

a. 三年　　b. 四年多　　c. 五年

2. 路两旁都是新建的吗？

a. 不都是　　b. 都不是　　c. 都是

3. 北京什么时候发展得更快？

a. 近十年　　b. 近五年　　c. 这两年

4. "百闻不如一见"的意思是：

a. 听了一百次，没见一次　　b. 听了一百次，只见了一次　　c. 听很多次不如亲眼见一次

三、根据课文内容区别下列句子的正误：（✓）（×）

Indicate whether the following statements are true or false according to the text:

1. 这条高速公路全长不到十公里。（　）
2. 这条高速公路两旁都是平房、四合院。（　）
3. 北京的城市建设发展得很快。（　）
4. 回国时，他原来的印象会改变的。（　）

四、请把下面的词语组成句子：

Arrange the following words in their correct order:

1. 不是　　中国人　　百闻不如一见　　常说　　吗

____

2. 很浓　　气息　　现代化　　北京

____

3. 发展得　　近十年　　更快　　尤其是

____

4. 看看　　北京　　我　　亲眼　　有机会

____

第四集 谢谢你们周到的服务

课　文　Text

（人物：张明、路易斯和饭店服务小姐）
（地点：在王府饭店大堂）
（情景：在柜台旁，张明帮助路易斯办理住宿登记手续）

服务小姐：先生，欢迎你们来我们饭店。
张　　明：您好！我是中国科学院物理研究所的，上星期在你们这儿预定了一个房间。
服务小姐：请告诉我，叫什么名字？
张　　明：叫路易斯，是美国人。
服务小姐：路易斯先生，请您填一下旅客住宿登记表。
路 易 斯：小姐，这样填可以吗？
服务小姐：可以，请给我看一下您的护照。（看过护照）请收好。您住 1012 房间，请上那边的电梯。您的行李呢？
张　　明：路易斯先生的行李就在这儿。
服务小姐：路易斯先生，到了 10 层，有服务员在等您，您的行李马上给您送去。
路 易 斯：谢谢你们周到的服务。

生　词　New Words

1.	周到	（形）	zhōudào	thoughtful; well－considered
2.	服务	（动）	fúwù	to be in the service of; to serve
3.	科学院	（名）	kēxuéyuàn	academy of sciences
4.	物理研究所		wùlǐ yánjiūsuǒ	institute of physics

5. 预定	（动）	yùdìng	to book
6. 住宿	（动）	zhùsù	to stay; to put up
7. 登记表	（名）	dēngjì biǎo	registration form
8. 电梯	（名）	diàntī	elevator; lift
9. 行李	（名）	xíngli	baggage; luggage
10. 服务员	（名）	fúwùyuán	a waiter; a steward
11. 马上	（副）	mǎshàng	right away; immediately

专 名 *Proper Noun*

王府饭店 Wángfǔ Fàndiàn Wangfu Hotel

注 释 *Notes*

1. 欢迎你们来我们饭店。

“欢迎你们来我们饭店。”这种句子是由两个动词结构组成的，第一个动词常常含有使令意义，它的宾语又是第二个动词的主语。结构形式是“V1 + object(subject) + V2 + object”，例如：

The sentence 欢迎你们来我们饭店 is composed of two verbal phrases; one is 欢迎你们, the other is 来我们饭店. In such a sentence, the first verb is often causative and its object also acts as a subject of the second verb. The structure of such sentence should be V1 + object(subject) + V2 + object. For example:

(1) 请您填一下旅客住宿登记表。
(2) 请给我看一下您的护照。
(3) 他叫他朋友去买啤酒。

2. 请您填一下旅客住宿登记表。

“一下”放在动词的后边，表示动作快，时间短。结构形式是“V + 一下”。例如：

一下, placed after a verb, indicates *a short and quick action*. The structure with 一下 should be V + 一下. For example:

(1) 请您给我看一下您的护照。
(2) 我用一下这儿的电话，可以吗？
(3) 让我们想一下，再告诉你。

3. 您的行李马上给您送去。

介词“给”可以组成介词结构，用在动词的前边，用来说明动作的对象。结构形式是“给 + noun(pronoun) + V”。例如：

The preposition 给 can form a prepositional phrase before a verb. It is used to introduce the recipient of an action. The structure of such sentence should be 给 + noun(or pronoun) + V. For example:

(1) 妈妈每天给大家做饭。
(2) 昨天医生给我检查了身体。
(3) 谁给你打电话？

练　习 *Exercises*

一、请把下列词语连成词组：

Connect the appropriate words from the two columns below to form phrases:

预定	电梯
填	房间
上	护照
看	住宿登记表

二、根据课文内容选择下列句子的正确答案：

Choose the right answer according to the text:

1. 张明在哪儿工作？

a. 历史研究所　　b. 化学研究所　　c. 物理研究所

2. 路易斯住的宾馆是：

a. 北京饭店　　b. 长城饭店　　c. 王府饭店

3. 路易斯住的房间号是：

a. 1011　　b. 1012　　c. 1021

4. 路易斯到了饭店先做什么？

a. 换钱　　b. 去房间休息　　c. 填住宿登记表

三、根据课文内容区别下列句子的正误：（√）（×）

Indicate whether the following statements are true or false according to the text:

1. 房间是路易斯自己预定的。（　　）
2. 路易斯的房间在十层。（　　）
3. 路易斯拿着行李上了电梯。（　　）
4. 十楼的服务员在等路易斯。（　　）

四、请把下面的词语组成句子：

Arrange the following words in their correct order:

1. 我们　　你　　饭店　　欢迎　　来

____

2. 给　　你的护照　　看一下　　请　　我

____

3. 您　　您的行李　　给　　送去　　马上

____

4. 服务　　谢谢　　周到的　　你们

____

第五集 你净开玩笑

课　文　*Text*

（人物：路易斯、张明和杨小芳）
（地点：在张明家）
（情景：张明在自家客厅为路易斯接风。路易斯按门铃）

杨小芳：快请进！快请进！张明，张明，路易斯来了。
路易斯：小芳，你好吗？一年不见，你变了，变得更漂亮了。
杨小芳：你净开玩笑，老毛病一点也不改，你现在还是光棍吗？
路易斯：早就不当光棍了，上个月我也有了一个小家，很温馨。我那位叫珍妮，下星期也要来北京。
张　明：你怎么不早告诉我们？
路易斯：今天不是告诉你们了吗？
杨小芳：不行，晚啦！今天该罚你喝三杯酒。
路易斯：哈哈！太好了，你忘了，你们在美国叫我什么来着？
杨小芳：都叫你酒鬼。不过，今天是为你接风，要让你当酒仙。
路易斯：还是你们最了解我，但是光喝酒可不行，还得有好菜呀！
张　明：你放心，今天都是我和小芳做的拿手菜。

生　词　*New Words*

1.	客厅	（名）	kètīng	living room; drawing room
2.	接风	（动）	jiēfēng	to give a reception in honour of a guest from afar
3.	老毛病		lǎo máobìng	old weakness

4.	当	（动）	dāng	to become
5.	光棍	（名）	guānggùn	unmarried man; bachelor
6.	温馨	（形）	wēnxīn	warm and fragrant; sweet
7.	罚	（动）	fá	to punish
8.	酒鬼	（名）	jiǔguǐ	drunkard; alcoholic
9.	酒仙	（名）	jiǔxiān	a person with a large capacity for alcohol
10.	最	（副）	zuì	extremely; very; most
11.	了解	（动）	liǎojiě	to understand; to know
12.	拿手菜		náshǒu cài	dishes that one is good at preparing

注　释　*Notes*

1. 你净开玩笑，……。

副词"净"都用在动词的前边，表示只有单一的而没有别的。结构形式是"净 + V"。例如：

The adverb 净 means *nothing but*. It should be used like this: 净 + V. For example:

（1）他的房间里净是书。
（2）她净爱看小说。
（3）这几天净刮大风。

2. 老毛病一点也不改，……。

"一点也"用在表示否定意义的句子里，有较浓的强调意味。结构形式是"一点 + 也 + 不（或没）+ V"。例如：

一点也, followed by 不 or 没, emphasizes the negative sense of the sentence. The structure of such sentence should be 一点 + 也 + 不（or 没）+ V. For example:

（1）我一点也不知道这件事。
（2）她一点也不喜欢看足球。
（3）早饭我一点也没吃。

3. 你现在还是光棍吗？

副词"还是"在句中表示行为、动作或状态保持着原来的状况而没有改变。例如：

The adverb 还是 indicates that *actions remain as they used to be*. For example:

(1) 天气还是很热。
(2) 我还是不喜欢喝咖啡。
(3) 他还是没结婚。

4. 你们在美国叫我什么来着？

助词"来着"用在疑问句中，表示过去曾经发生过什么事情。"来着"放在句尾。例如：

The particle 来着, placed at the end of an interrogative sentence, indicates that *something has already taken place*. For example:

(1) 你刚才说什么来着？
(2) 那个人叫什么名字来着？
(3) 你告诉我买什么来着？

5. 今天是为你接风，……。

介词"为"可以组成介词结构，用在动词的前边。用来说明动作的对象。结构形式是"为 + noun(pronoun) + V + O"；"为 + noun(pronoun) + adj. "。例如：

The preposition 为 can form a prepositional phrase before a verb. It is used to introduce the recipient of an action. The structure of such sentence should be"为 + noun (or pronoun) + V + O；为 + noun(or pronoun) + adj. . For example:

(1) 我们都为她高兴。
(2) 他为谁买衣服？
(3) 张明为路易斯预定了一个房间。

练　习　*Exercises*

一、请把下列词语连成词组：

Connect the appropriate words from the two columns below to form phrases:

开 ·	· 酒
做 ·	· 玩笑
喝 ·	· 光棍
当 ·	· 菜

二、选择合适的词语填空：

Fill in the following blanks with the words given blow:

为　　给　　还是　　来着

1. 一年多不见了，你＿＿＿那么漂亮！
2. 你们在美国叫我什么＿＿＿？
3. 这些拿手菜是＿＿＿你做的。
4. 今天他们要＿＿＿路易斯接风。

三、根据课文内容区别下列句子的正误：（√）（×）

Indicate whether the following statements are true or false according to the text:

1. 路易斯是去年结的婚。（　）
2. 珍妮是路易斯的妹妹。（　）
3. 路易斯非常喜欢喝酒。（　）
4. 路易斯和小芳三年没见了。（　）

四、请把下面的词语组成句子：

Arrange the following words in their correct order:

1. 一点也　　老毛病　　不改　　你的

＿＿＿＿＿＿＿＿＿＿＿＿＿＿＿＿

2. 你们　　还是　　我　　最了解

＿＿＿＿＿＿　＿＿＿＿＿＿＿＿＿＿

3. 我们　　怎么　　不早告诉　　你

＿＿＿＿＿＿＿＿＿＿＿＿＿＿＿＿

4. 变得　　她　　了　　更漂亮

＿＿＿＿＿＿＿＿＿＿＿＿＿＿＿＿

第六集 那她一定是个美人

课 文 *Text*

（人物：路易斯和张明）
（地点：在张明的办公室和路易斯的房间里）
（情景：张明在办公室给路易斯打电话）

张　明：喂！路易斯，告诉你一个好消息。
路易斯：不是开玩笑吧？我会有什么好消息呢？
张　明：我刚收到一份传真，有个叫珍妮的发来的。
路易斯：噢！明白了，她要告诉我到北京的航班和时间，对不对？
张　明：对，珍妮下星期一坐中国民航的飞机来北京，航班是CA104。
路易斯：没说什么时间到北京吗？
张　明：传真上只有出发的时间，没有到达的时间，不过，你放心，我帮你打电话问。
路易斯：那就麻烦你了。等珍妮来了，让她好好谢谢你。
张　明：不用谢，到时候我陪你去机场接她，我跟她还是头一次见面。
路易斯：见了面，我给你介绍。她个子比我矮一点，金黄色的头发，大眼睛。
张　明：那她一定是个美人。

生 词 *New Words*

1.	航班		hángbān	scheduled flight; flight number
2.	出发	（动）	chūfā	to start; to set out

3.	陪	（动）	péi	to accompany
4.	个子	（名）	gèzi	height
5.	矮	（形）	ǎi	short; low
6.	金黄	（形）	jīnhuáng	golden yellow; golden
7.	头发	（名）	tóufa	hair
8.	眼睛	（名）	yǎnjing	eyes
9.	一定	（副）	yídìng	surely; certainly

注　释　*Notes*

1. 不是开玩笑吧？

助词“吧”用在疑问句的句尾，带有揣测的语气。例如：

The modal particle 吧， used at the end of a question， implies a guess. For example:

（1）他要去美国，你不会不知道吧？

（2）雨大概停了吧？

（3）他们已经到北京了吧？

2. 我会有什么好消息呢？

能愿动词“会”表示有可能。结构形式是“会＋V（或 adj.）”，表示否定的是“不会＋V（或 adj.）”。例如：

The auxiliary verb 会 means *possible*. It should be used like this: 会＋V（or adj.）. Its negative form is 不会＋V（or adj.）. For example:

（1）今天不会下雨。（表示现在的可能性。）

（2）没想到你们的旅行会很顺利。（表示过去的可能性。）

（3）这种水果还会便宜。（表示将来的可能性。）

3. 珍妮下星期一坐中国民航的飞机来北京。

"珍妮下星期一坐 V ①中国民航的飞机来 V ②北京。"这种句子由两个动词组成，V ①和 V ②是同一个动作发出者。V ①是 V ②的动作方式。结构形式是"V ①… + V ②…"。例如：

There are two verbal phrases in the sentence 珍妮下星期一坐 V ①中国民航的飞机来 V ②北京 . BothV ① andV ② share the same doer. V ① tells the way of V ② . The structure of such sentence should be V ①… + V ②…. For example:

(1) 我们开车去长城。
(2) 他用大杯子喝啤酒。
(3) 她笑着告诉我们。

4. 不用谢。

副词"不用"表示"不必和不需要"的意思。结构形式是"不用 + V"例如：

The adverb *不用* means *not necessary* or *need not*. The structure with 不用 should be 不用 + V. For example:

(1) 明天你不用来。
(2) 在我们家，请不用客气。
(3) 你不用为这件小事生气。

5. 我陪你去机场接她。

"我陪 V ①你去 V ②机场接她。" 也是由两个动词组成，V ①和 V ②是同一个动作发出者。V ②是 V ①的目的。结构形式是"V ①… + V ②…"。例如：

There are also two verbal phrases in the sentence above. Both V ① and V ② share the same doer. V ② expresses the purpose of V ① . The structure of such sentence should be V ①… + V ②…. For example:

(1) 我现在去机场接朋友。
(2) 他明天来公司看大家。

6. 她个子比我矮一点。

介词“比”用来比较程度。结构形式是“A + 比 + B + adj.（+一点）”。例如：

The preposition 比 is used for comparison. The structure with 比 should be A + 比 + B + adj.（+一点）. For example:

（1）他的汉语比我好。
（2）今天比昨天暖和一点。
（3）那个商店的东西比这儿贵。

练　习　Exercises

一、请把下列词语连成词组：
Connect the appropriate words from the two columns below to form phrases:

到达 ·	· 眼睛
发 ·	· 消息
好 ·	· 时间
大 ·	· 传真

二、根据课文内容选择下列句子的正确答案：
Choose the right answer according to the text:

1. 张明在哪儿给路易斯打电话？

a. 家里　　b. 宾馆大厅　　c. 办公室

2. 张明刚收到的传真是给谁的？

a. 小芳　　b. 张明　　c. 路易斯

3. 珍妮什么时候到北京？

a. 下星期一　　b. 明天　　c. 这星期六

4. 传真上只有什么时间？

a. 出发　　b. 到达　　c. 买票

三、根据课文内容区别下列句子的正误：（√）（×）

Indicate whether the following statements are true or false according to the text:

1. 张明说告诉路易斯好消息是跟他开玩笑。（　　）
2. 路易斯不知道珍妮什么时候出发。（　　）
3. 张明和珍妮是在美国认识的。（　　）
4. 珍妮坐中国民航的飞机来北京。（　　）

四、请把下面的词语组成句子：

Arrange the following words in their correct order:

1. 开玩笑　不是　你　吧

____

2. 传真　发来　一份　珍妮

____

3. 我　去机场　陪路易斯　接珍妮

____

4. 比　她的个子　矮一点　我

____

第七集　这几天你瘦了

课　文　Text

（人物：路易斯和杨小芳）
（地点：在张明家）
（情景：路易斯去找张明时，跟杨小芳谈话）

路易斯：小芳，张明呢？他去哪儿了？
杨小芳：我也在找他呢，我下班回来就没有见到他。
路易斯：说不定他帮我办事去了，你没听他说吗？
杨小芳：没听他说过，什么事那么着急呀？
路易斯：珍妮下星期要来北京，我让他问航班到北京的时间。
杨小芳：怪不得他现在还不回来，他准是亲自去问了。珍妮要来，看把你高兴的。
路易斯：因为导师身体不好，她不得不推迟论文答辩的时间，本来我们是要一起来的。
杨小芳：这几天你瘦了，是不是想珍妮想的？
路易斯：哪能这样，我刚来，有点儿水土不服。

生　词　New Words

1.	瘦	（形）	shòu	thin; slender
2.	说不定		shuōbudìng	maybe
3.	办事		bànshì	to run an errand ; to work
4.	着急	（形、动）	zháojí	to feel anxious; to worry

5.	怪不得		guàibudé	no wonder
6.	亲自	（副）	qīnzì	in person; personally
7.	导师	（名）	dǎoshī	tutor
8.	推迟	（动）	tuīchí	to put off; to postpone
9.	论文答辩		lùnwén dábiàn	thesis defence
10.	本来	（形、副）	běnlái	original; originally
11.	水土不服		shuǐtǔbùfú	unaccustomed to a new natural environment

注　释　*Notes*

1. 我下班回来就没见到他。

副词"就"强调动作发生得早。"就"前边常有表示时间的词语。结构形式是"就 + V."。例如：

The adverb 就, often proceeded by a phrase of time, emphasizes that *actions occur earlier than expected*. 就 should be used like this: 就 + V. For example:

（1）他早晨就出去了。
（2）我以前就会汉语。
（3）八点雨就停了。

2. 说不定他帮我办事去了，……。

"说不定"表示事实的可能性。通常用在第二个句子的前边。例如：

说不定 refers to a possible fact. It is usually used at the beginning of a second clause. For example:

（1）你别等他了，说不定他不来了。
（2）你带着伞吧，说不定下午有雨。
（3）给他打个电话，说不定他已经到家了。

3. 怪不得他现在还不回来，……。

副词“怪不得”表示明白了原因，不再觉得奇怪。常用在第二个句子的句首，也可用在第一个句子的句首。例如：

The adverb 怪不得 shows that *the reason has been made clear, so the speaker does not feel strange anymore*. It is usually used at the beginning of a second clause, but sometimes it may appear at the beginning of the first clause. For example:

(1) 下雪了，怪不得这么冷。
(2) 他不喜欢，怪不得他不吃。
(3) 怪不得她很像你，原来她是你女儿。

4. 她不得不推迟论文答辩的时间，……。

“不得不”表示没有别的办法，只好……的意思。结构形式是“不得不+V”。例如：

不得不 means *have to* or *cannot but*... The structure of this usage should be 不得不+V. For example:

(1)他病了，不得不吃药。
(2)我的车坏了，不得不坐公共汽车。
(3)因为天气的原因，飞机不得不推迟起飞的时间。

5. 本来我们是要一起来的。

副词“本来”表示原先和先前的意思。例如：

The adverb 本来 means *originally* or *at first*. For example:

(1)我本来不知道这件事。
(2)他本来身体很好。
(3)他本来就不喝酒。

6. 哪能这样，……。

疑问代词“哪”跟“能、会、要”等组成“哪能、哪会、哪要”等，表示否定，含有以委婉口吻拒绝和不同意的意思。例如：

The interrogative pronoun 哪 can go with 能, 会 or 要 to form phrases such as 哪能, 哪会 or

哪要. A sentence with 哪能, 哪会 or 哪要 expresses a negative sense with a mild tone of refusal or disagreement. For example:

(1)我朋友哪能不告诉我呢!
(2)他哪会知道这件事。
(3)买一台新的电脑哪要那么多钱。

练　习 *Exercises*

一、请把下列词语连成词组:
Connect the appropriate words from the two columns below to form phrases:

下	哪儿
办	班
推迟	事
去	时间

二、选择合适的词语填空:
Fill in the following blanks with a proper word from the words given below:

不得不　怪不得　本来　说不定

1. 他＿＿＿＿亲自去问航班到达的时间了。
2. ＿＿＿＿他现在还不回来,帮别人办事去了。
3. 珍妮＿＿＿＿要跟路易斯一起来的。
4. 因为导师病了,珍妮＿＿＿＿推迟论文答辩时间。

三、根据课文内容区别下列句子的正误: (✓) (×)
Indicate whether the following statements are true or false according to the text:

1. 路易斯有很急的事找张明。(　)
2. 珍妮让张明去问飞机到达的时间。(　)

3. 杨小芳不知道珍妮下星期来北京。(　　)

4. 路易斯这几天瘦了,是因为水土不服。(　　)

四、请把下面的词语组成句子:

Arrange the following words in their correct order:

1. 回来　　见到他　　下班　　就没有　　我

____

2. 飞机　　到北京的时间　　他　　去问　　了

____

3. 着急　　什么事　　那么　　呀

____

4. 是……的　　本来　　要一起来　　他们

____

第八集 误不了接你的心上人

课 文 *Text*

	（人物：路易斯和张明） （地点：在机场） （情景：张、路两人在机场接珍妮时的交谈）
路易斯：	不知道今天的飞机能不能准点到达？
张 明：	没有特殊原因，一定能准点。现在还早，我到那边看看有没有预告。
路易斯：	你不用过去了，我看得见，预告牌上打出 CA104 准点，太好了。
张 明：	你的眼睛真好，再过五十分钟就能见到你的那位珍妮了。我们先找个地方休息一会儿。
路易斯：	你想喝点什么？我想喝瓶可口可乐。
张 明：	我跟你一样，也喝可乐。那我们上楼去喝吧。
路易斯：	（不时看表）我们光顾聊天了，你注意听着广播，说不定飞机会提前。
张 明：	你尽管放心，误不了接你的心上人。

生 词 *New Words*

1.	误	（动）	wù	to miss
2.	心上人	（名）	xīnshàngrén	lover
3.	特殊	（形）	tèshū	unusual; special
4.	原因	（名）	yuányīn	reason; cause

5.	预告	（动）	yùgào	to announce in advance
6.	光顾	（动）	guānggù	to patronize
7.	广播	（动、名）	guǎngbō	to broadcast; broadcast
8.	尽管	（副）	jǐnguǎn	though; even though; in spite of

注　释　*Notes*

1. 我到那边看看有没有预告。

汉语中某些动词可以重叠使用，表示动作的时间短，次数少。结构形式是“V + V”。例如：

In Chinese, some verbs can be repeated to show a brief action or something not often done. The repeated form of a verb should be V + V. For example:

(1) 你等等，我去问问。
(2) 你该休息休息了。
(3) 我不知道怎么去那个地方，你帮我打听打听。

2. 我看得见，……。

汉语中少数动词跟“得见”组成动词结构，表示能够随动作感觉到。结构形式是“V + 得见”。例如：

In Chinese, a few verbs can combine with 得见 to form verbal phrases, meaning *can perceive*. The structure should be like this: V + 得见 . For example:

(1) 我看得见墙上的字。
(2) 他听得见我们的声音吗？

这种结构的否定形式是：“V + 不见”，表示不能够随动作感觉到。
Its negative form is V + 不见 in the sense of cannot perceive. For example:

(3) 我看不见墙上的字。
(4) 他听不见我们的声音。

3. 我们光顾聊天了，……。

副词“光”是“只”的意思，说明动作的范围。结构形式是：“光＋(adverb)＋V”。例如：

The adverb 光 means *only*. It is used to express the scope of an action. It should be used like this: 光＋(adverb)＋V. For example:

(1)这个电视光有声音没有图像。

(2)你怎么光吃水果，不吃饭?

(3)别光想买玩具。

4. 你尽管放心，……。

副词“尽管”表示可以不受限制地去做。结构形式是：“尽管＋V”。例如：

The adverb 尽管 means *act freely without any restrictions*. It should be used like this: 尽管＋V. For example:

(1) 有困难尽管告诉我，我一定帮助你。

(2) 要注意身体，累了尽管休息。

(3) 有问题你尽管问。

5. 误不了接你的心上人。

汉语中的一些动词和“不了”组成否定形式的动词结构，表示行为动作不能够或没有可能实现。结构形式是“V＋不了”。例如：

In Chinese, some verbs can combine with 不了 to form negative verbal phrases, meaning that *actions cannot be fulfilled* or *it is impossible for the actions to be fulfilled*. The structure with 不了 should be V＋不了. For example:

(1)他工作太忙，明天去不了长城。

(2)因为天气不好，今天很多飞机降落不了。

(3)这个问题我们解决不了。

肯定形式是“V＋得了”，表示行为动作能够或有可能实现。例如：

Its affirmative form is V＋得了, meaning that *the action can be fulfilled* or *it is possible for the action to be fulfilled*. For example:

(4) 他明天去得了长城。
(5) 飞机降落得了。
(6) 这个问题我们解决得了。

练　习 *Exercises*

一、请把下列词语连成词组：
Connect the appropriate words from the two columns below to form phrases:

找 ·	· 可乐
接 ·	· 广播
喝 ·	· 人
听 ·	· 地方

二、请给括号中的词语选择适当的位置：
Put the word in the bracket in a proper place of the following sentences:

1. a 不知 b 今天的航班 c 准时到达。(能不能)
2. 你 a 放心，b 误不了 c 接你的心上人。(尽管)
3. a 我跟你 b 一样 c 喝可乐。(也)
4. a 我们 b 找个地方休息 c 一会儿。(先)

三、根据课文内容区别下列句子的正误：（√）（×）
Indicate whether the following statements are true or false according to the text:

1. CA104 航班今天准时到达。(　　)
2. 张明、路易斯再过五分钟就能见到珍妮了。(　　)
3. 他们下楼去喝可乐。(　　)
4. 他们光顾聊天，忘了接珍妮。(　　)

四、请把下面的词语组成句子：

Arrange the following words in their correct order:

1. 看见　　就能　　过去　　不用　　预告牌

____

2. 到达　　说不定　　会提前　　飞机

____

3. 广播　　注意　　听　　请你

____

4. 可口可乐　　想喝　　瓶　　我

____

第九集 由你代表就行了

课 文 *Text*

（人物：张明、路易斯和珍妮）
（地点：在机场旅客出口处）
（情景：张、路两人在出口处接珍妮）

张 明：	路易斯，在取行李的地方，有个金黄色头发，个子高高的，背着一个黑色皮包的是不是珍妮？
路易斯：	不是，珍妮的个子没有那么高，那个推着手推车的是珍妮，她也看见我了，在向我招手呢……
珍 妮：	路易斯，想我了吧。这两天把我想坏了，连论文答辩也受了影响。
路易斯：	想不想你，你问他吧，这位就是张明，这次来中国，没有他和小芳的照顾，不会过得这么愉快。
张 明：	别那么说，都是老朋友了，只要你们在中国生活得愉快，我们就高兴。
珍 妮：	张明，我们是没见过面的好朋友，路易斯常提起你。谢谢你来接我。
张 明：	本来小芳也要来的，她临时有事，不能来接你，很抱歉。
路易斯：	由你代表就行了。以后少不了要麻烦你和小芳。

生 词 *New Words*

1.	由	（介）	yóu	by

2.	代表	（动、名）	dàibiǎo	to represent; representative
3.	皮包	（名）	píbāo	leather bag
4.	向	（介）	xiàng	toward; to
5.	招手		zhāo shǒu	to beckon; to wave
6.	受影响		shòu yǐngxiǎng	to be influenced by
7.	照顾	（动）	zhàogù	to look after
8.	提起	（动）	tíqǐ	to mention; to speak of
9.	临时	（副）	línshí	temporary
10.	抱歉	（形）	bàoqiàn	sorry

注释 *Notes*

1. 由你代表就行了。

介词"由"引出谁去做某事。例如：

The preposition 由 is used to introduce the doer of an action. The structure of such sentence should be 由 + doer + V. For example:

（1）现在由他介绍那儿的情况。
（2）晚会由我们准备。
（3）房间由服务员打扫。

2. 个子高高的

"个子高高的"中的"高高"是形容词重叠的形式，形容词重叠以后，表示程度加深，感情色彩加重。结构形式是：AA（单音节形容词）或 AABB（双音节形容词）。例如：

In the phrase of 个子高高的，高高 is the reduplicated form of the adjective 高. The effect of this usage is to give an emphatic description of something. The reduplicated form of a monosyllabic adjective is AA; but that of a disyllabic adjective is AABB. For example:

(1) 她高高的个子，大大的眼睛，漂亮极了。
(2) 屋子里打扫得干干净净。

3. 珍妮的个子没有那么高。

在汉语中可以用“有”和“没有”来表示比较，说明事物达到的程度。“有”用于肯定，“没有”用于否定。结构形式是“有……（那么）+ adj.”和“没有……（那么）+ adj.”例如：

In Chinese, both 有 and 没有 can be used in comparison, indicating the degree reached. The structure of such sentence should be 有……（那么）+ adj., and the negative form is 没有……（那么）+ adj.. For example:

(1) 他的个子有哥哥那么高。
(2) 你的家有他的远吗？
(3) 她做的饭有妈妈做的那么好吃。
(4) 他的个子没有哥哥那么高。
(5) 我的家没有他家远。
(6) 这儿没有北京冷。

4. 连论文答辩也受了影响。

连词“连……也……”表示强调。例如：

The conjunction 连……也…… is used for emphasis. For example:

(1) 他今天连电视也不想看。
(2) 这件事连我也不知道，他怎么会知道？
(3) 他太忙了，连饭也没有时间吃。

5. 只要你们在中国生活得愉快，我们就高兴。

“只要……，就……”是一个常用的结构，用“只要”提出条件，用“就”强调后面产生的结果。例如：

只要……，就…… is a structure often used. The clause with 只要 shows a condition, and 就 in the second clause stresses what resulted from this. For example:

(1) 只要不下雨，我们就去长城。
(2) 只要他有时间，就会来看你。
(3) 只要照相机没有大问题，我自己就能修理。

6. 以后少不了要麻烦你和小芳。

"少不了"是个固定词组，表示不能缺少的意思。"少不了"后边常是小句。例如：

The set phrase 少不了 means *inevitable*. For example:

(1) 我们以后少不了请你帮忙。
(2) 以后我少不了要去问你。
(3) 打网球少不了他。

练 习 Exercises

一、请把下列词语连成词组：

Connect the appropriate words from the two columns below to form phrases:

背	手推车
推	行李
取	手
招	背包

二、请给括号中的词语选择适当的位置：

Put the word in the bracket in a proper place in the following sentences:

1. a 珍妮的个子 b 那么 c 高。(没有)
2. a 你们生活得 b 愉快 c 我们就高兴。(只要)

3. 因为想你 a 论文 b 答辩 c 也受到影响。（连）

4. a 你 b 代表 c 就行了。（由）

三、根据课文内容区别下列句子的正误：（√）（×）

Indicate whether the following statements are true or false according to the text:

1. 那个背黑背包的就是珍妮。（ ）
2. 小芳和珍妮以前不认识。（ ）
3. 张明和小芳一起去机场接珍妮。（ ）
4. 路易斯说以后不会麻烦张明和小芳。（ ）

四、请把下面的词语组成句子：

Arrange the following words in their correct order:

1. 我　　你　　来接　　谢谢

____

2. 招手　　你看　　他　　向我　　在

____

3. 好朋友　　我们　　没见过面的　　是

____

4. 过得　　在中国　　我　　很愉快

____

第十集 复　习

Review

1

A. 您是来经商还是来旅游？

B. 我是来访问的，当然，也想游览一下名胜古迹。

2

A. 我早就看见你了，等了很长时间了吧？

B. 我刚来不久，没等多少时间。

3

A. 我们光顾聊天了，你注意听着广播，说不定飞机会提前。

B. 你尽管放心，误不了接你的心上人。

4

路易斯刚收到一份传真，是珍妮从美国发来的。珍妮下星期一坐中国民航的飞机来北京，但是传真上只有出发的时间，没有到达的时间，只好请张明帮他打电话问。珍妮本来要跟路易斯一起来北京的，因为要参加论文答辩，不得不把来北京的时间推迟了几天。

练　习 *Exercises*

一、用所给的词语替换句中划线的部分：

Use the words given below to replace the underlined parts of the following sentences:

您是来<u>经商</u>还是来<u>旅游</u>？

我是来<u>经商</u>的，也想游览一下名胜古迹。

1. 学习 ………… 工作
2. 访问 ………… 经商
3. 找工作 ………… 看朋友

二、请给括号中的词语选择适当的位置：

Put the word in the bracket in a proper place in the following sentences:

1. 你 a 注意 b 听着广播，c 飞机会提前。（说不定）
2. a 我们先 b 问问服务员，路易斯先生 c 不住十层。（说不定）
3. 你 a 放心，b 误不了 c 接你的心上人。（尽管）
4. a 大家 b 吃，里边 c 还有好多呢。（尽管）

三、请选择适当的词语填空：

Fill in the following blanks with the proper word from the list given below:

不得不　因为　从　刚　只有　本来　只好

1. 路易斯_______收到一份传真，是珍妮_______美国发来的。
2. 传真上_______出发时间，没有到达时间，_______请张明帮他打电话问。
3. 珍妮_________要跟路易斯一起来北京的。
4. ____________要参加论文答辩，____________把来北京的时间推迟了几天。

四、根据课文的意思区别下列句子的正误：

Indicate whether the following statements are true or false according to the text:

1. 珍妮这星期三坐中国民航的飞机来北京。（　　）
2. 张明给珍妮打电话问飞机什么时候到。（　　）
3. 珍妮不想跟路易斯一起来北京。（　　）
4. 珍妮推迟来北京，是因为还没有写完论文。（　　）

第十一集 现在该怎么走了？

课 文 Text

（人物：路易斯、珍妮、行人）
（地点：十字路口）
（情景：路易斯、珍妮站在十字路口向行人问路）

路易斯：现在该怎么走了？
珍 妮：张明不是告诉你了吗？
路易斯：我忘了是往东拐还是往西拐。
珍 妮：你真是的，还不赶快问问。（对面走过来一个行人）
路易斯：劳驾，去前门怎么走？
行 人：往东一拐，不远就是公共汽车站，那儿也能坐地铁。
路易斯：珍妮，咱们坐地铁怎么样？
珍 妮：随你的便。
行 人：车站附近有个过街天桥，过了过街天桥，就能看见地铁车站。坐地铁一直到前门站下车，上来就是前门。
珍 妮：坐公共汽车能直接到吗？
行 人：得换一次车。
路易斯：这么说还是坐地铁方便！谢谢你。
行 人：不客气。

生 词 New Words

1.	十字路口	（名）	shízì lùkǒu	crossroads; junction
2.	赶快	（副）	gǎnkuài	quickly; at once

3. 公共汽车站	(名)	gōnggòngqìchē zhàn	bus stop
4. 地铁	(名)	dìtiě	underground railway; subway
5. 过街天桥	(名)	guòjiē tiānqiáo	pedestrian bridge over a street
6. 一直	(副)	yìzhí	straight
7. 直接	(形)	zhíjiē	direct
8. 换(车)	(动)	huàn	to change
9. 方便	(形)	fāngbiàn	convenient

专　名　*Proper Noun*

前门	Qiánmén	name of a place

注　释　*Notes*

1. 我忘了是往东拐还是往西拐?

介词"往"跟名词结合,组成介词结构。表示方向。例如:

The preposition 往 can combine with a noun to form a prepositional phrase indicating a direction. For example:

(1)再往前走,一会儿就到了。
(2)你往西看,那座楼就是中国银行。
(3)那架飞机飞往美国。

2. 你真是的,……。

"真是的"是个固定词组,带有不满意、埋怨、遗憾等感情色彩。用于口语。例如:

真是的 is a set phrase that can be used in spoken Chinese to express annoyance, dissatisfaction or pity, etc. For example:

(1)这么晚了，他还不来，真是的。
(2)你为什么总忘，真是的。
(3) 真是的，你不该这么做。

3. 还不赶快问问。

副词"还"用在反问句里，表示强调。"还不赶快问问"的意思是：你应该赶快问问。例如：

The adverb 还 in a rhetorical question expresses an emphasis. The sentence 还不赶快问问 means *Why don't you ask about it right now*! For example:

(1)都十二点了，你还说早！（现在一点也不早。）
(2)这还用问！（不用问，已经很清楚了。）
(3)你还看电视！（你不应该看电视了。）

4. 咱们坐地铁怎么样？

代词"咱们"指说话人和听话人双方。用于口语。例如：

The pronoun 咱们 in spoken Chinese refers to both speakers and listeners in a conversation. For example:

(1)他给咱们来了两封信。
(2)咱们一起去听音乐会，好吗？
(3)咱们的家离这儿不远了。

5. 随你的便。

"随便"的意思是觉得怎么方便就怎么做。有时在"随便"的中间可插入其他成分，如"随你的便""随他的便"等。例如：

随便 expresses that somebody can do something as he feels pleased to. Sometimes other elements can be inserted into 随便 such as 随你的便，随他的便，etc. For example:

(1)A:星期天我们去哪儿玩?

B:随便,去哪儿都可以。

(2)A:小王说他不想去那儿,可以吗?

B:随他的便。

6. 这么说还是坐地铁方便!

“这么说”用来对某种情况作出判断或结论。通常用在句首。例如:

这么说 is used to make a judgement or come to a conclusion about something. It is often put at the beginning of a sentence. For example:

(1)这么说你真不知道。

(2)这么说明天比今天冷。

(3)这么说骑自行车比坐车还快。

练 习 *Exercises*

一、请把下列词语连成词组:

Connect the appropriate words from the two columns below to form phrases:

问 ·	· 西
往 ·	· 地铁
坐 ·	· 路
过 ·	· 时间

二、请选择适当的词语填空:

Fill in the following blanks with a proper word:

怎么样　方便　一直　怎么

1. 劳驾,去前门 ________ 走?

2. 坐地铁__________到前门站下车，上来就是。

3. 咱们坐地铁去 _________?

4. 这么说还是坐地铁 ________。

三、根据课文内容区别下列句子的正误：（✓）（×）

Indicate whether the following statements are true or false according to the text:

1. 张明没告诉路易斯怎么走？（　）
2. 珍妮忘了往哪儿拐。（　）
3. 路易斯和珍妮坐公共汽车去前门还要换一次车。（　）
4. 过了过街天桥就是地铁车站。（　）

四、请把下面的词语组成句子：

Arrange the following words in their correct order:

1. 告诉你　吗　他　不是　了

____

2. 还不　赶快　你　问问

____

3. 就是　不远　公共汽车站　前边

____

4. 还是　忘了　我　往东拐　往西拐

____

第十二集 我真糊涂，忘了签名了

课　文　Text

（人物：路易斯、一银行工作人员）
（地点：在银行）
（情景：路易斯在银行兑换人民币）

路易斯：对不起，是在这儿换钱吗？
工作人员：是在这儿，您要换什么？
路易斯：我要把美元换成人民币。今天的汇率是多少？
工作人员：现钞是1比8.21，旅行支票是1比8.25，要稍高一点。
路易斯：我带的是旅行支票。
工作人员：您要换多少？请您填一张单子。
路易斯：换一千美元，我中文写不好，用英文写可以吗？
工作人员：可以，请给我看一下您的护照。
（路易斯填好单子后，把护照、单子和旅行支票一起交给工作人员）
工作人员：请在旅行支票上签上您的名字。
路易斯：对不起，我真糊涂，忘了签名了。
工作人员：路易斯先生，您换一千美元，这是八千二百五十元人民币，请点一下，您的护照请收好。欢迎再来。
路易斯：谢谢你。

生　词　New Words

1. 糊涂	（形）	hútu	confused

2. 签名		qiānmíng	to sign
3. 银行	（名）	yínháng	bank
4. 兑换	（动）	duìhuàn	to exchange
5. 美元	（名）	měiyuán	American dollar
6. 人民币	（名）	rénmínbì	Renminbi (RMB)
7. 汇率	（名）	huìlǜ	rate of exchange
8. 现钞	（名）	xiànchāo	cash
9. 旅行支票	（名）	lǚxíng zhīpiào	traveler's check
10. 点（钱）	（动）	diǎn	to count (money)
11. 收	（动）	shōu	to take in; to get

注　释　*Notes*

1. 我要<u>把</u>美元<u>换成</u>人民币。

由介词“把”组成的“把”字句，用来强调说明动作对某事物怎样处置或处置的结果。结构形式是：S + <u>把</u> + O① + <u>V + 成</u> + O②。例如：

A sentence with the preposition 把 is called a 把 – sentence, and expresses what the doer does to something or what the result of the action is. The structure of such sentence should be S + <u>把</u> + O① + <u>V + 成</u> + O②. For example:

(1)他<u>把</u>这本书<u>翻译成</u>英语了。

(2)他<u>把</u>“大”<u>写成</u>“太”。

(3)我<u>把</u>“今天”<u>说成</u>“明天”。

2. 要<u>稍</u>高一点。

副词“稍”表示程度略微增高或减低。句中常有“一些”、“一点”等词语。例如：

The adverb 稍 meaning *slightly* or *a little bit*, is used to describe degrees. 一些，一点 or other words often appear in the sentence with 稍. For example:

(1)那本书稍贵一些。
(2)在市区开车应该稍慢一点。
(3)今天稍晚一点我们去游泳,好吗?
(4)请稍等,我马上就来。

3. 我中文写不好,……。

在汉语中某些动词跟“得好”一起组成动作可能完成的肯定形式;跟“不好”组成动作不能完成的否定形式。结构形式是“V+得好”(肯定形式)、“V+不好”(否定形式)。例如:

In Chinese, some verbs can combine with 得好 to form affirmative verbal phrases, meaning that *something can be done*. And some verbs can combine with 不好 to form negative verbal phrases in the sense that *something cannot be done*. The affirmative structure is V+得好, and the negative one is V+不好. For example:

(1)我汉语说得好。
(2)我汉语说不好。
(3)要让客人们休息得好。
(4)最近他总是休息不好。

4. 请在旅行支票上签上您的名字。

在汉语中某些动词和“上”组成动词结构,表示动作结果。说明动作一经发生,某物就存在某处。结构形式是“V+上”。例如:

In Chinese, some verbs can be used with 上 as verbal phrases to indicate results in the sense that *something exists at a certain place after an action*. The structure with 上 is V+上. For example:

(1)你穿上衣服再出去。
(2)请在这儿写上你的名字。
(3)旅行的时候,别忘了带上感冒药。

练　习 *Exercises*

一、请把下列词语连成词组：

Connect the appropriate words from the two columns below to form phrases:

签	美元
填	英文
换	名字
写	单子

二、根据课文内容选择下列句子的正确答案：

Choose the right answer according to the text:

1. 路易斯要换多少美元？

   a. 两千美元　　b. 一千五百美元　　c. 一千美元

2. 旅行支票的汇率跟现钞比

   a. 稍高一些　　b. 低一些　　c. 跟现钞一样

3. 填写兑换单要用什么文字？

   a. 只能用英文　　b. 只能用中文　　c. 中英文都可以

4. 路易斯说自己真糊涂是因为

   a. 忘了填单子　　b. 忘了带护照　　c. 忘了签上名字

三、根据课文内容区别下列句子的正误：（√）（×）

Indicate whether the following statements are true or false according to the text:

1. 路易斯要把人民币换成美元。（　　）
2. 现钞的汇率要低一点。（　　）
3. 路易斯可以用英文填单子。（　　）
4. 换钱的时候，路易斯忘了签自己的名字。（　　）

四、请把下面的词语组成句子：

Arrange the following words in their correct order:

1. 我　　写　　吗　　用英文　　可以

____

2. 旅行支票　　带的　　是　　我

____

3. 多少　　美元的　　是　　今天　　汇率

____

4. 护照　　您的　　收好　　请

____

第十三集 急人所急嘛

课 文 Text

（人物：路易斯和营业员）

（地点：在洗染店）

（情景：路易斯拿着西服上衣，请洗染店营业员帮助）

营业员：您来了，洗衣服吗？

路易斯：刚才吃饭的时候，一不小心，把我的上衣弄脏了，能帮我洗干净吗？

营业员：一般情况，都能洗干净，让我看一下。

路易斯：你看这一片都是油渍，我担心它洗不掉。

营业员：（仔细看了看上衣）应该能洗掉的，我们有办法。

路易斯：这衣服我等着穿，能不能快一点洗好？

营业员：我们这里都要一天的时间，如果有特殊需要，我们可以赶一赶。你一个小时以后来取吧，这是最快的了。

路易斯：太谢谢你了，你帮了我的大忙。

营业员：谢什么，这是应该的，急人所急嘛！回头见！

路易斯：回头见！

生 词 New Words

1.	急人所急		jírénsuǒjí	to share worries with somebody
2.	洗染店	（名）	xǐrǎndiàn	laundering and dyeing shop
3.	西服	（名）	xīfú	Western – style clothes
4.	刚才	（形）	gāngcái	a moment ago; just now
5.	小心	（动）	xiǎoxīn	to be careful; to take precautions against

6. 弄	（动）	nòng	to make; to do; to handle
7. 一般	（形）	yìbān	general; common
8. 情况	（名）	qíngkuàng	circumstances
9. 油渍		yóuzì	greasy
10. 担心	（动）	dānxīn	to worry
11. 回头见		huítóu jiàn	see you later

注　释　*Notes*

1. 急人所急

“急人所急”的意思是急别人急的事情。助词“所”跟别的词语结合，组成短语，含有强调、限定范围的意思。常用在书面语里。例如：

急人所急 means *to worry about what others worry about*. The particle 所 can combine with other words to form such a phrase to show an emphasis or a scope. It is often used in written Chinese. For example:

（1）她总是急人所急。
（2）他总是想别人所想。

2. 把我的上衣弄脏了。

“把我的上衣弄脏了”也是一个“把”字句。“弄”代替不需要说明的动作，“脏”说明动作的结果。结构形式是：“S + 把 + O + 弄 + adj.（或 V）+ 了”。例如：

The sentence above is a 把 – sentence in which the verb 弄 takes the place of the verb that is thought to be unnecessary. The adjective 脏 shows the result of the action. The structure of such sentence is S + 把 + O + 弄 + adj. (or V). For example:

（1）他把我的车弄坏了。
（2）我把护照弄丢了。
（3）他把我的书弄到哪儿去了？

3. 我担心它洗不掉。

在汉语中某些动词跟"得掉"一起组成表示能够或可能随动作除去的动词结构。结构形式是"V + 得掉"。例如：

In Chinese, a few verbs can combine with 得掉 to form verbal phrases meaning that *one can get rid of something by doing something else* or *it is possible for one to get rid of something by doing something else*. The structure with 得掉 should be V + 得掉. For example:

(1)衣服上的脏东西洗得掉。
(2)这些酒他一个人喝得掉。
(3)墙上的画擦得掉。

否定形式是"V + 不掉",表示不能够或没可能随动作除去。例如：

The negative form is V + 不掉 meaning that *one cannot get rid of something by doing something else* or *it is impossible for one to get rid of something by doing something else*. For example:

(4)这件事情我忘不掉。
(5)衣服上的脏东西洗不掉。
(6)这些酒他一个人喝不掉。

4. 如果有特殊需要,我们可以赶一赶。

在汉语中,常先用连词"如果"表示假设出现某种情况,然后在后边的句子里作出回答。后边的句子常有副词"就"呼应。结构形式是"如果……,(就)……"。例如：

The conjunction 如果 is used in the first clause of a complex sentence to make a supposition and the second clause gives a conclusion. The adverb 就 often appears in the second clause as a link between the two clauses. This structure should be 如果……,(就)……. For example:

(1)如果你有什么问题,可以问我。
(2)如果你喜欢,我就送给你。
(3)如果今天下雨,咱们就明天去。

5. 你帮了我的大忙。

动词"帮忙"的中间可以插入其他词语，也可以重叠，重叠的形式是"AAB"。例如：

Other words can be inserted into the verb 帮忙. The word 帮 can be used repeatedly as 帮帮忙. For example:

(1)这么多工作，得请别人帮帮忙。
(2)我只是给他帮了个小忙。
(3)我要去给朋友帮几天忙。

练　习　*Exercises*

一、请把下列词语连成词组：

Connect the appropriate words from the two columns below to form phrases:

弄	一下
洗	脏
看	一点
快	干净

二、根据课文内容选择下列句子的正确答案：

Choose the right answer according to the text:

1. 路易斯去洗染店洗

a. 上衣　　b. 裤子　　c. 大衣

2. 路易斯的衣服上有一片

a. 墨水渍　　b. 油渍　　c. 水果渍

3. 路易斯为什么要快一点洗好？

a. 要带回国　　b. 送朋友　　c. 等着穿

4. 营业员让路易斯什么时候来取？

a. 明天早上　　b. 今天晚上　　c. 一小时以后

三、根据课文内容区别下列句子的正误：(✓)(×)

Indicate whether the following statements are true or false according to the text:

1. 路易斯坐车不小心弄脏了衣服。(　　)
2. 路易斯的衣服洗不干净。(　　)
3. 营业员说有特殊需要，可以赶一赶。(　　)
4. 洗染店帮了路易斯一个大忙，路易斯很高兴。(　　)

四、请把下面的词语组成句子：

Arrange the following words in their correct order:

1. 帮我　　你　　洗干净　　能　　吗

____

2. 油渍　　洗掉　　有办法　　我们

____

3. 大忙　　我的　　帮　　你　　了

____

4. 洗好　　快一点儿　　你　　能不能

____

第十四集 我寄特快专递

课　文 *Text*

（人物：珍妮和邮局工作人员）
（地点：在邮局）
（情景：珍妮到邮局寄药品）

珍　　妮：劳驾，我要寄一点中药，可以吗？
工作人员：可以，您先买个纸箱，把这些东西装进去。您往哪儿寄？
珍　　妮：美国。
工作人员：您填个单子吧！
珍　　妮：这样填可以吗？
工作人员：请在这儿填上您的东西值多少钱。您寄快件还是慢件？也就是航空还是海运？
珍　　妮：寄航空几天能到美国？
工作人员：大概十来天。如果您想更快一点的，可以寄特快专递，大概三四天就能收到。
珍　　妮：那我寄特快专递，越快越好。
工作人员：您的邮费是三百二十五元。这是您的收据，请拿好。
珍　　妮：好，再见！
工作人员：您走好！

生　词 *New Words*

1. 特快专递		tè kuài zhuān dì	express mail
2. 值	（动）	zhí	to cost; to be worth

3. 快件	（名）	kuàijiàn	express delivery
4. 慢件	（名）	mànjiàn	slow delivery
5. 海运	（名）	hǎiyùn	marine transportation; sea transportation
6. 如果	（连）	rúguǒ	if
7. 越……越……	（副）	yuè…yuè…	the more…the more…
8. 邮费	（名）	yóufèi	postal charge; postage
9. 收据	（名）	shōujù	receipt

注　释　*Notes*

1. 把这些东西装进去。

在这种"把"字句里，在动词后边加"进去"，表示随动作从外边到里边。结构形式是"把+O+V+进去"。例如：

In this 把-sentence, 进去 is used after the verb meaning *going inside from outside by an action.* The structure of such sentence is 把+O+V+进去. For example:

(1)快把书搬进去。
(2)下雨了，把衣服拿进去吧。
(3)别把汽车开进去。

2. 大概十来天。

副词"大概"表示有很大的可能性。例如：

The adverb 大概 means *probably*. For example:

(1)她大概是从美国来的。
(2)今天下午我大概来不了。
(3)他没来上课，大概病了。

3. 大概十来天。

助词“来”用在十、百、千等数词后面，表示大概的数目。(一般指不到那个数目，有时比那个数目稍大。)例如：

The particle 来 is used after a rounded number such as the Chinese numeral 十, 百 or 千 etc., indicating an approximate number. Generally it can be less or a little bit more than the number. For example:

二十来本书 / 三百来斤 / 一千来人

4. 越快越好。

“越 A 越 B”表示程度随着条件而变化，其变化的结构形式是“越 + A(adj. ①或 V) + 越 + B(adj. ②)”。例如：

越 A 越 B means *the more... the more*. The structure should be 越 + A (adj. ①or V) + 越 + B(adj. ②). For example:

(1)电脑她越用越熟练。

(2)他的汉语越说越流利。

(3)他越跑越快。

5. 请拿好。

形容词“好”用在某些动词的后面，表示动作的结果已经完成。结构形式是“V + 好”。例如：

The adjective 好 used after some verbs indicates the result of an action. It means that *an action has been completed*. The structure of such sentence is V + 好. For example:

(1)他的作业写好了。

(2)我已经休息好了。

(3)你吃好了吗?

练　习　*Exercises*

一、请把下列词语连成词组：
Connect the appropriate words from the two columns below to form phrases:

寄	收据
填	快件
买	单子
给	纸箱

二、根据课文内容选择下列句子的正确答案：
Choose the right answer according to the text:

1. 珍妮去邮局做什么？

a. 买邮票　　b. 寄信　　c. 寄包裹

2. 珍妮想寄什么？

a. 快件　　b. 特快专递　　c. 慢件

3. 珍妮要往哪儿寄？

a. 美国　　b. 法国　　c. 英国

4. 寄航空大概要多少时间？

a. 三四天　　b. 十来天　　c. 半个月

三、根据课文内容区别下列句子的正误：（√）（×）

Indicate whether the following statements are true or false according to the text:

(1)珍妮还要寄一点书。(　　)

(2)珍妮不想寄慢件。(　　)

(3)寄包裹的邮费是二百五十元。(　　)

(4)珍妮忘了拿收据。(　　)

四、请把下面的词语组成句子：

Arrange the following words in their correct order:

1. 可以　　这样　　我　　吗

____

2. 越……越……　　想　　我　　快　　好

____

3. 收据　　拿好　　请　　您的

____

4. 能　　就　　三四天　　收到

____

第十五集

你怎么不早说

课　文 *Text*

（人物：路易斯、张明）

（地点：饭店大厅）

（情景：路易斯在大厅服务台打电话，张明在大厅沙发上坐着看报）

路易斯：（拨电话）哎！张明，你看这个电话是不是有毛病？怎么老打不出去？

张　明：（放下报纸走过来，拿起电话）挺好的，没毛病呀！

路易斯：怎么我拨了半天，老是嘟嘟嘟地响。

张　明：你没拨"零"吧，这是内部电话，打外线要先拨"零"，要不然，你打到下辈子也通不了。

路易斯：你怎么不早说，难怪我怎么也打不出去。我再拨……，现在通了。

*　　*　　*　　*　　*　　*

路易斯：喂！请转1965——，王先生吗？明天晚上请你来参加我们的舞会，在中国大饭店三层，——你能来，太好了——请你太太也来——什么？你还没结婚？——你的电话是7965，真对不起，打错了。（放下电话）怎么这么巧，他也姓王。

张　明：怎么会打错呢？

路易斯：我说转1965，服务员小姐听错了，给我转到了7965，闹了个大笑话。

张　明：电话里yi跟qi容易混淆，你说yāo965就不会错了。

路易斯：你怎么不……

张　明：（抢过话来）不早说！（二人大笑）

生　词　*New Words*

1. 怎么	（代）	zěnme	why
2. 大厅	（名）	dàtīng	hall
3. 沙发	（名）	shāfā	sofa
4. 拨	（动）	bō	to dial
5. 零	（数）	líng	zero
6. 内部	（名）	nèibù	internal
7. 外线	（名）	wàixiàn	outside (telephone) connections
8. 要不然	（连）	yàoburán	otherwise
9. 下辈子	（名）	xiàbèizi	the next life
10. 通	（动）	tōng	to get through
11. 难怪	（副）	nánguài	no wonder
12. 太太	（名）	tàitai	Mrs; madame
13. 闹笑话		nào xiàohua	to make a stupid mistake; to make a fool of oneself
14. 混淆	（动）	hùnxiáo	to confuse; to mix up

注　释　*Notes*

1. 怎么老打不出去？

副词“老”是总或经常的意思。用于口语。例如：

The adverb 老, used in spoken Chinese, means *always* or *often*. It should be used like this: 老 + V. For example:

(1)那辆车老停在门口。

(2)他老爱开玩笑。

(3)你为什么老睡得很晚？

2. 打外线要先拨“零”，要不然，……。

连词“要不然”是如果不这样的意思。“要不然”的后面有说明结果的句子。例如：

The conjunction 要不然 means *otherwise* and it is followed by a resultative clause. For example:

(1)你最好现在去邮局，要不然邮局关门了。
(2)你一到北京就给我打电话，要不然我不放心。
(3)我们星期日去吧，要不然我没时间。

3. 难怪我怎么也打不出去。

副词“难怪”表示明白了原因，就不再奇怪的意思。“难怪”的前边或者后边常有说明实事的句子。例如：

The adverb 难怪 is used when the reason is known to the speaker, and therefore he does not feel puzzled anymore. Before or after 难怪 there is often a clause to show the truth. For example:

(1)他已经学了很长时间了，难怪他汉语说得那么好。
(2)昨天夜里刮了大风，难怪天气又变冷了。
(3)他去上海了，难怪这几天没见到他。

4. 怎么会打错呢？

形容词“错”用在某些动词的后边，表示行为动作的结果是错误的。结构形式是“V＋错”。例如：

The adjective 错, used after some verbs, indicates *the unexpected result of an action by making a mistake*. The structure of such a sentence is V＋错. For example:

(1)这不是感冒药，你吃错药了。
(2)这个字你写错了。
(3)我走错路了。

练　习 *Exercises*

一、请把下列词连成词组：

Connect the appropriate words from the two columns below to form phrases:

打 ·	· 舞会
有 ·	· 外线
参加 ·	· 笑话
闹 ·	· 毛病

二、根据课文内容选择下列句子的正确答案：

Choose the right answer according to the text:

1. 路易斯打电话打不出去是因为：

   a. 占线　　b. 没拨零　　c. 电话坏了

2. 电话分机接错了是因为：

   a. 路易斯说错了　　b. 电话有毛病　　c. 服务员没听清楚

3. 路易斯为什么要找王先生？

   a. 参加学术讨论会　　b. 参加舞会　　c. 一起吃饭

4. 路易斯找王先生闹了笑话是因为：

   a. 服务员听错了号码　　b. 路易斯拨错了号码　　c. 听错了声音

三、根据课文内容区别下列句子的正误：（√）（×）

Indicate whether the following statements are true or false according to the text:

1. 路易斯请王先生在北京饭店吃饭。（　　）
2. 饭店大厅的电话有点毛病。（　　）
3. 服务员小姐把 yi 听成 qi 了。（　　）
4. 中国大饭店今天晚上有一个舞会。（　　）

四、请把下面的词语组成句子：

Arrange the following words in their correct order:

1. 舞会　　参加　　来　　请你　　今天晚上

____

2. 电话　　这　　有　　是不是　　毛病

____

3. 怎么也　　难怪　　不出去　　你　　打

____

4. 打电话　　大笑话　　今天　　个　　闹了

____

第十六集

吃饭了吗？

课　文　*Text*

（人物：路易斯、珍妮、张明和一位服务员）

（地点：在咖啡厅）

（情景：路易斯、珍妮、张明三人走进咖啡厅，服务员迎上来服务）

服务员：您来了，请这边坐。（三人坐下）

服务员：三位喝点什么？

路易斯：我要杯咖啡，不要加糖。

珍　妮：我要一杯红茶。

张　明：我也要红茶。（服务员下）

珍　妮：她刚才看见我们进来，为什么还要问"您来了"呢？

路易斯：我碰上的事才叫奇怪呢，我每次从外边回来，他们总要说"您回来了？""吃饭了吗？"

珍　妮：你这么一说，我倒想起来了，在街上碰见一个中国朋友，一见面，他就问："你去哪儿？"他们怎么那么注意别人的行动？

张　明：你们千万不要误会，这不是要干涉别人的私事。这都是中国人在日常生活中打招呼的一种方式，表示一种亲切的问候，一般跟关系比较好的人才用。

路易斯：原来是这样，真是每个民族都有自己的习惯，这还真得好好学一学。

张　明：哟！时间不早了，咱们该去剧场了，杨小芳在那里等我们呢。

路易斯：咱们走吧，我猜，我们离开的时候，那个服务员一定会说"您走好，欢迎再来！"（他们要离开咖啡厅）

服务员：您走好，欢迎再来！

路易斯：（得意地）怎么样？　（三人相视而笑）

生词 *New Words*

1.	加	（动）	jiā	to add
2.	碰上	（动）	pèngshang	to run into
3.	行动	（名、动）	xíngdòng	action; to take an action
4.	千万	（副）	qiānwàn	to make sure
5.	误会	（动、名）	wùhuì	to misunderstand; misunderstanding
6.	干涉	（动）	gānshè	to interfere
7.	私事	（名）	sīshì	private affairs; private
8.	打招呼		dǎ zhāohu	to say hello
9.	方式	（名）	fāngshì	way; style
10.	表示	（动）	biǎoshì	to indicate; to express
11.	亲切	（形）	qīnqiè	kind; cordial
12.	关系	（名、动）	guānxi	relation; to concern
13.	民族	（名）	mínzú	nation
14.	剧场	（名）	jùchǎng	theater
15.	猜	（动）	cāi	to guess

注释 *Notes*

1. 她刚才看见我们进来，……。

时间词"刚才"表示很短时间以前。例如：

The adverb 刚才 means *a very short time ago*. For example:

（1）你刚才去哪儿了？

（2）路易斯刚才来过一个电话。

（3）我刚才看见她上楼了。

2. 我碰上的事才叫奇怪呢，……。

副词"才"用来强调所说的事，句中常有语气助词"呢"。例如：

The adverb 才 stresses what has been said. In such a sentence, the modal particle 呢 is often used at the end. For example:

(1) 那个地方才漂亮呢！
(2) 这事我才不告诉你呢！
(3) 你去，他才高兴呢！

3. 你这么一说，我倒想起来了，……。

副词"倒"表示出乎意料。例如：

The adverb 倒 means *unexpectedly* or *beyond one's expectation*. For example:

(1) 你们都说那儿好，我倒要亲自去看看。
(2) 这次办签证倒很顺利。
(3) 今天倒凉快起来了。

4. 你们千万不要误会，……。

副词"千万"表示一定要的意思，用于叮嘱。例如：

The adverb 千万 meaning *to make sure*, is used to warn. For example:

(1) 明天你千万早点来。
(2) 你千万别忘了告诉他。
(3) 开车千万要小心。

5. 原来是这样，……。

副词"原来"表示发现了事先没意料到的情况。例如：

The adverb 原来, means *turn out to be*. For example:

(1) 原来他没有去旅行。
(2) 房间里很安静,原来都出去了。
(3) 原来你们以前就认识。

练　习　Exercises

一、请把下列词语连成词组:
Connect the appropriate words from the two columns below to form phrases:

离开	招呼
亲切	别人
干涉	剧场
打	问候

二、选择适当的词语填空:
Fill in the following blanks with a proper word from the words given below:

原来　千万　才　得

1. 你________别误会,这是表示一种亲切的问候。
2. ________这是中国人打招呼的一种形式。
3. 这种问候方式一般跟关系比较好的人________用。
4. 每个民族都有自己的习惯,我真________好好学学。

三、根据课文内容区别下列句子的正误: (√) (×)
Indicate whether the following statements are true or false according to the text:

1. 中国人问"你去哪儿?"是要注意别人的行动。( )
2. 用"吃饭了吗?"打招呼,是一种不亲切的问候。( )
3. 刚认识的人也可以用"你去哪儿?"问候,表示非常亲切。( )
4. 每个民族的习惯都是一样的,没有什么区别。( )

四、请把下面的词语组成句子：

Arrange the following words in their correct order:

1. 我要　　一杯　　咖啡　　加糖　　不要

____

2. 中国朋友　　碰见　　在街上　　我　　昨天　　一个

____

3. 一种方式　　打招呼　　日常生活中　　这是　　的

____

4. 该　　咱们　　了　　剧场　　去

____

第十七集 他一定不姓"侃"

课文 Text

（人物：路易斯和张明）
（地点：在路易斯的房间里）
（情景：路易斯和张明在路易斯的房间里聊天）

张　明：昨天晚上你们去哪儿了？给你们打电话，总没有人接。

路易斯：我们聊天去了，聊到半夜才回房间睡觉，真有意思。

张　明：跟谁聊天，聊得那么晚？

路易斯：跟门口的那位，我听人家都叫他侃爷，我想他姓侃，是侃大爷。

张　明：北京人把闲聊叫"侃"，漫无边际的闲聊，又叫"侃大山"，因为他特别能聊天，所以就叫他侃爷了，他一定不姓"侃"。

路易斯：我明白了。你别说，这老头儿还真神，知道的事情真多，能跟你天南地北的聊个没完。他还要让我坐着三轮去逛逛北京的胡同呢。

张　明：蹬三轮车的工人大多是侃爷，常常给你介绍一些有趣的传闻，侃得你不想下车。

路易斯：那一定很有意思。

生词 New Words

1.	侃	（动）	kǎn	to chat
2.	半夜	（名）	bànyè	midnight; in the middle of the night
3.	门口	（名）	ménkǒu	doorway
4.	闲聊	（动）	xiánliáo	to chat
5.	漫无边际		màn wú biān jì	boundless

6.	侃大山		kǎn dàshān	to talk about everything
7.	神	（形）	shén	marvelous; smart
8.	天南海北		tiān nán hǎi běi	discursively (chat); rambling
9.	三轮	（名）	sānlún	tricycle
10.	胡同	（名）	hútòng	lane; alley
11.	有趣		yǒuqù	interesting; amusing
12.	传闻	（名）	chuánwén	hearsay; talk

注　释　*Notes*

1. 聊到半夜才回房间睡觉，……。

动词"到"用在动词后边，常用来表示动作持续到某个时间。也可用来表示动作达到某一阶段。例如：

The verb 到, used after verbs, indicates a certain time or the duration of an action . For example:

(1) 他要在北京住到明年。
(2) 雨下到晚上才停。
(3) 他的病已发展到比较严重的程度。
(4) 会议就开到这儿。

2. 我听人家都叫他侃爷，……。

"人家"在这儿是指别人。 例如：

人家 means *other people*. For example:

(1) 我们自己还不知道，可是人家都知道了。
(2) 人家都不喜欢去那个饭馆。
(3) 我们也应该帮助帮助人家。

3. 侃得你不想下车。

“侃得你不想下车”中的“得”后面的小句是说明动作进行得怎么样。

结构形式是“V + 得 + 小句”。例如：

In the sentence above, the minor sentence after 得 describes how an action is carried out. The structure of such sentence should be V + 得 + Sentence. For example:

(1) 等了很长时间，等得他很着急。

(2) 昨天看了一天书，看得我很累。

(3) 昨天忙得我们没有时间吃饭。

练　习 *Exercises*

一、请把下列词语连成词组：

Connect the appropriate words from the two columns below to form phrases:

蹬	电话
接	三轮车
逛	天
聊	胡同

二、根据课文内容选择下列句子的正确答案：

Choose the right answer according to the text:

1. 昨天晚上路易斯做什么去了？

a. 跳舞　　b. 看电影　　c. 聊天

2. 人们为什么叫那位老大爷“侃爷”？

a. 他姓侃　　b. 年纪大　　c. 特别能聊天

3. “侃大山”的意思是什么？

a. 聊天的内容是“大山”

b. 人的名字

c. 漫无边际地闲聊

4. 坐着三轮车逛胡同：

a. 便宜

b. 舒服

c. 有意思

三、根据课文内容区别下列句子的正误：（✓）（×）

Indicate whether the following statements are true or false according to the text:

1. 路易斯聊天聊到第二天早上才睡觉。（　　）
2. 老大爷天南海北地聊个没完。（　　）
3. 张明昨天晚上给路易斯打了一个电话。（　　）
4. 三轮车工人常常能侃得你不想下车。（　　）

四、请把下面的词语组成句子：

Arrange the following words in their correct order:

1. 总　　电话　　接　　你家的　　没人

____

2. 我们　　很晚　　晚上　　昨天　　聊得

____

3. 人们　　他常给　　传闻　　有趣的　　介绍

____

4. 老大爷　　知道的　　这　　事　　真多

____

第十八集 出了个大洋相

课 文 *Text*

	（人物：珍妮和杨小芳）
	（地点：在张明家）
	（情景：珍妮和杨小芳在张明家聊天）
珍　妮：	小芳，我给你讲个故事吧。
小　芳：	嗨！怎么想起讲故事来了，那你讲吧。
珍　妮：	有一个外国人到中国朋友家里去作客，这位中国朋友的妈妈对她非常热情，她一看见这位妈妈就说："老妈妈，您身体非常健康，您几岁了？"
小　芳：	这一问非出洋相不可。
珍　妮：	可不是，老妈妈听了，就不说话了。这个外国人很纳闷，怎么一下子变得不说话了呢？中国朋友悄悄地告诉她，问年龄，应该说您多大年纪了？
小　芳：	这样问就对了。
珍　妮：	哪里，后来中国朋友的女儿进来了，这个外国人就问："小姑娘，您多大年纪了？"
小　芳：	这又出问题了。
珍　妮：	是啊！又错了。小姑娘说："我又不是老太太，我才六岁，你怎么问我多大年纪呢？"当时，我真不好意思。
小　芳：	啊！原来这个外国人就是你，出了个大洋相。
珍　妮：	要学好中国话，还真不容易！

生　词　*New Words*

1.	出洋相		chū yángxiàng	to make a exhibition of oneself
2.	讲	（动）	jiǎng	to tell; to speak
3.	故事	（名）	gùshi	story
4.	作客	（动）	zuò kè	to be a guest
5.	热情	（形）	rèqíng	sincere and warm; enthusiasm
6.	非	（副）	fēi	be bound to
7.	纳闷	（形）	nàmènr	to feel puzzled; to wonder
8.	一下子	（副）	yíxiàzi	a while
9.	悄悄	（副）	qiāoqiāo	quietly; silently
10.	年龄	（名）	niánlíng	age
11.	年纪	（名）	niánjì	age
12.	姑娘	（名）	gūniang	girl
13.	出问题		chū wèntí	to have a problem

注　释　*Notes*

1. 怎么想起讲故事来了，……。

“起来”用在动词的后边，表示动作的开始或产生某种结果。结构形式是“V＋起（＋O）＋来”。例如：

起来 is used after verbs to indicate the beginning or results of actions. The structure of such sentence should be V＋起（＋O）＋来. For example:

（1）我想起他的名字来了。
（2）我现在还没想起他的名字来。
（3）你想起来的时候，别忘了告诉我。

2. 这一问非出洋相不可。

“非……不可”是一个常用结构，表示一定要这样。有时“不可”可以省略。例如：

The structure 非……不可 means that *something will surely happen*. In this structure, 不可 can be omitted sometimes. For example:

(1) 这件衣服不太好看，可是她非买不可。

(2) 我们非去长城不可。

(3) 他非要我去参加晚会。

3. 可不是，……。

“可不是”常在口语中使用，通常表示同意对方所说的。含有确实是这样的意味。也可以用在反问句中。例如：

The phrase 可不是, used in spoken Chinese, shows that *the speaker agrees with what the other says in the sense of quite so*. It can be used in a rhetorical question. For example:

(1) A：那个地方挺远的。

B：可不是，坐车得两个多小时。

(2) A：他的汉语说得真不错。

B：可不是，他一直生活在中国。

(3) 坐在前面的可不是张经理吗？

4. 怎么一下子变得不说话了呢？

“一下子”用在动词前边，表示很短的时间。例如：

一下子, used before verbs, indicates *a very short time*. For example:

(1) 他昨天还好好的，怎么一下子病了？

(2) 她一下子买了很多吃的东西。

(3) 几个年轻人一下子把一箱啤酒都喝光了。

5. 哪里，后来中国朋友的女儿进来了。

疑问代词"哪里"表示用委婉谦逊口吻不同意对方的意见。例如：

The interrogative pronoun 哪里, modestly and politely implies slight disagreement. For example:

（1）A：你汉语说得不错。
　　B：哪里，还差得远呢！
（2）A：你真了不起，一个人做了这么多事。
　　B：哪里，是大家给了我很多的帮助。

练　习　*Exercises*

一、请把下列词语连成词组：
Connect the appropriate words from the two columns below to form phrases:

讲 ·	· 洋相
问 ·	· 客
出 ·	· 故事
作 ·	· 问题

二、根据课文内容选择下列句子的正确答案：
Choose the right answer according to the text:

1. 问老人年龄的时候，应该说：

a. 您几岁？　　b. 您多大年纪？　　c. 您多少岁？

2. 谁出了个大洋相？

a. 路易斯　　b. 珍妮　　c. 小芳

3. 珍妮认为学好中国话：

a. 并不难　　b. 很容易　　c. 很不容易

4. “非出洋相不可”的意思是：

a. 不可以出洋相　　b. 不是不可以出洋相　　c. 一定要出洋相

三、根据课文内容区别下列句子的正误：（✓）（×）

Indicate whether the following statements are true or false according to the text:

1. 有个外国人要到中国朋友家去作客。（　　）
2. 老妈妈一下子不说话了，是因为听不懂外国话。（　　）
3. 问小孩的年龄应该说：“你几岁了？”（　　）
4. 那个出洋相的外国人是路易斯。（　　）

四、请把下面的词语组成句子：

Arrange the following words in their correct order:

1. 对我　　热情　　非常　　中国朋友

____

2. 不说话　　变得　　她　　一下子　　了

____

3. 去　　他　　作客　　中国朋友家

____

4. 就是　　外国人　　这个　　原来　　你

____

第十九集 我们要把它带到美国去

课文 Text

（人物：路易斯、珍妮和一位老人）

（地点：在街心公园）

（情景：路易斯、珍妮早上出来跑步，跑到街心公园，停下来观看人们晨练，后来跟一位打太极拳的老人交谈起来）

路易斯：	老人家，您好！
老　人：	您好！
路易斯：	您的太极拳打得真漂亮。
老　人：	谢谢，我坚持打太极拳，有好多年了。你喜欢打太极拳？
路易斯：	喜欢是喜欢，不过我不会打。一定很难打吧！
老　人：	难倒不难，但要打得好可不容易。
珍　妮：	你们每天都来这儿锻炼吗？
老　人：	除了刮风下雨，几乎天天都到，我原来满身的病，什么神经衰弱、高血压啦，胃口也不好。
珍　妮：	现在都好了吧，我看您红光满面，挺精神的。
老　人：	是啊！现在这些毛病都没了。
路易斯：	老人家，您能教我们吗？每天来跟你学，我们要把它带到美国去。
老　人：	当然可以，我又多了两个洋学生。

生词 New Words

1.	跑步	（动）	pǎo bù	to run
2.	街心公园		jiē xīn gōngyuán	public parks at intersections

3.	晨练		chénliàn	morning exercise
4.	坚持	（动）	jiānchí	to insist on
5.	倒	（副）	dào	on the contrary
6.	刮风		guā fēng	to blow
7.	几乎	（副）	jīhū	nearly; almost
8.	神经衰弱		shénjīng shuāiruò	neurasthenia
9.	高血压	（名）	gāoxuèyā	high blood pressure
10.	胃口	（名）	wèikǒu	stomach
11.	红光满面		hóngguāng mǎnmiàn	healthy and hearty look; in ruddy health
12.	精神	（形）	jīngshen	energetic; spirited

注　释　*Notes*

1. 喜欢是喜欢，不过我不会打。

“喜欢是喜欢，不过……”是用来表示让步的复句形式，含有虽然的意思。句中都有“不过、可是、但是”等表示转折的词语。结构形式是“A 是 A，（不过……）”。（A 可以是形容词，也可以是动词。）例如：

A 是 A，不过…… is a complex sentence of concession. The first clause shows that one generally agrees with others, but at the same time, some disagreement is also expressed in the second clause in which 不过，可是 or 但是 is used. In the structure, A can be an adjective, or a verb. For example:

（1）今天冷是冷，不过很舒服。
（2）他来是来了，可是来得很晚。
（3）我想去是想去，但是今天没时间。

2. 难倒不难，要打得好可不容易。

“难倒不难，……可……”也是用来表示让步的复句形式，有虽然的意思。句中都有“就是、不过、可是、但是”等表示转折的词语。结构形式是“A＋倒＋不＋A，（就是……）”。例如：

The sentence above is also a complex sentence of concession. In the first clause, 倒 makes a concession, and in the second clause, 就是，不过，可是 or 但是 is used as an opposite. The structure of such a sentence should be A＋倒＋不＋A，就是（or 不过，可是，但是）…. For example:

（1）今天冷倒不冷，就是有风。
（2）那个地方远倒不远，不过坐车去不方便。
（3）这件衣服贵倒不贵，但是样子比较旧。

3. 除了刮风下雨，几乎天天都到。

“除了……（以外）”是一个常用结构，用来限定某种范围。在“除了……（以外）”的句子中，如果有副词“都”和“没有”，表示所说的不包括在内。例如：

除了……（以外）is a commonly used structure, meaning *except for* or *besides*. In a sentence of this type 都 or 没有，if there is an adverb, indicates an exclusive possibility. For example:

（1）除了我以外，大家都知道这件事。
（2）除了星期一，他们每天都回来得很早。
（3）除了饺子以外，他都会做。

4. 几乎天天都到，……。

副词“几乎”是“接近于”和“差点儿”的意思。例如：

The adverb 几乎 means *almost* or *nearly*. For example:

（1）这些书他几乎都看了。
（2）他的病几乎好了。
（3）他们几乎人人都会打太极拳。

5. 我原来满身的病，……。

副词“原来”表示在以前的某一时期。例如：

The adverb 原来 means *formerly* or *originally*. For example:

(1) 我原来汉语一点也不会。
(2) 他们俩原来不在一起工作。
(3) 这儿原来没有桥。

6. 挺精神的。

副词"挺"表示程度,是"很"的意思。用于口语。例如:

The adverb 挺 means *very*, and is the equivalent of 很 in spoken Chinese. For example:

(1) 他汉语说得挺流利的。
(2) 这个字挺容易的。
(3) 这件事挺奇怪的。

练 习 *Exercises*

一、请把下列词语连成词组:
Connect the appropriate words from the two columns below to form phrases:

刮	身体
下	风
锻炼	太极拳
打	雨

二、请给括号中的词语选择适当的位置:
Put the word in the bracket in a proper place in the following sentences:

1. a 他喜欢 b 是喜欢,c 不会打。(不过)
2. 除了 a 刮风下雨,b 天天 c 都到。(几乎)
3. 他 a 满身 b 的病,现在红光满面 c 挺精神的。(原来)
4. a 你们 b 可以跟我 c 学打太极拳。(当然)

三、根据课文内容区别下列句子的正误：（✓）（×）.

Indicate whether the following statements are true or false according to the text:

1. 老人打太极拳有好几年了。（ ）
2. 路易斯会一点儿太极拳。（ ）
3. 老人以前的身体很不好。（ ）
4. 路易斯要把一幅中国画带回美国去。（ ）

四、请把下面的词语组成句子：

Arrange the following words in their correct order:

1. 锻炼　都　每天　我　来这儿

____

2. 打好　可　太极拳　不容易

____

3. 现在　满身的病　都　原来　好了

____

4. 又　老人　洋学生　两个　多了

____

第二十集

复　习

Review

1

A. 我要把美元换成人民币，今天的汇率是多少？

B. 现钞是 1 比 8.21， 旅行支票是 1 比 8.25，要稍高一点。

2

A. 刚才吃饭的时候，一不小心，把我的上衣弄脏了，能帮我洗干净吗？

B. 一般情况，都能洗干净，让我看一下。

3

A. 昨天晚上你们去哪儿了？

B. 我们聊天去了，聊到半夜才回房间睡觉，真有意思。

4

路易斯和珍妮在公园学太极拳，除了下雨以外，他们每天坚持锻炼，开始的时候，他们出了不少洋相，现在已经打得很漂亮了，他们要把中国的太极拳带到美国去。

在中国，很多老人喜欢打太极拳，有的老人原来满身是病，几年坚持下来，病全都好了，现在他们是红光满面，可精神了。

练　习　*Exercises*

一、用所给的词语替换句中划线的部分：
Use the words given below to replace the underlined parts of the following sentences:

A. 我要把美元换成人民币，今天的汇率是多少？

B. 现钞是 1 比 8.21，旅行支票是 1 比 8.25。

1. 美元——日元，1: 140； 1: 140.50
2. 人民币——日元，1: 5.94；1: 5.98
3. 港币——美元，7.75: 1； 7.77: 1

二、根据课文内容选择下列句子的正确答案：
Choose the right answer according to the text:

1. 路易斯的上衣能洗干净吗？

a. 洗不干净　　b. 不能洗得很干净　　c. 能洗干净

2. 昨天晚上路易斯去哪儿了？

a. 看电影　　b. 去张明家　　c. 聊天去了

3. 路易斯什么时候回来的？

a. 晚上九点就回来了　　b. 半夜才回来　　c. 晚上十一点

4. 路易斯珍妮每天坚持锻炼吗？

a. 每天坚持锻炼　　b. 除了下雨以外每天锻炼　　c. 不每天锻炼

三、根据课文内容区别下列句子的正误：

Indicate whether the following statements are true or false according to the text:

1. 路易斯和珍妮每天坚持打太极拳，刮风下雨也去。（　　）
2. 他们开始打太极拳的时候，出了不少洋相。（　　）
3. 在中国，很多老人都喜欢打太极拳。（　　）
4. 有的老人坚持打太极拳，满身的病都好了。（　　）

四、请把下面的词语组成句子：

Arrange the following words in their correct order:

1. 汇率　　今天的　　多少　　是

____

2. 很漂亮　　打得　　他们　　太极拳

____

3. 他们　　把　　带到美国去　　太极拳　　要

____

4. 除了……以外　　每天　　他们　　都锻炼　　下雨

____

第二十一集 只是看看热闹

课　文 Text

（人物：路易斯和珍妮）
（地点：在路易斯房间里）
（情景：路、珍二人在看电视时的交谈）

珍　妮：路易斯，你想看《新闻联播》吗？现在正在播国际新闻。
路易斯：我已经听过英语广播了，再说听这样的节目还挺费劲的。
珍　妮：你准是想看拳击比赛吧？我不知道是哪个频道，你来选吧。
路易斯：我记得每天七点一刻，在五频道有拳击节目，你打开试试。
珍　妮：（打开五频道）还真有，两个拳击手打得很激烈，想不到那个小个子倒占了优势。
路易斯：决定拳击比赛胜负的，是力量和技术的较量，我认为个子大小不是主要的。
珍　妮：几个回合打下来，双方的体力消耗都很大。
路易斯：比赛不仅要拼体力，也要拼技术。如果技术拼不过对方，就很难取胜。
珍　妮：对拳击我是外行，只是看看热闹，至于技术就不懂了。

生　词 New Words

1.	看热闹		kàn rènao	to watch for fun
2.	新闻联播		xīnwén liánbō	nationwide seven – o' clock news
3.	节目	（名）	jiémù	program

4.	费劲		fèi jìn	with great effort; with difficulty
5.	拳击	（名）	quánjī	boxing
6.	比赛	（动）	bǐsài	to compete in a contest
7.	频道	（名）	píndào	television channel
8.	激烈	（形）	jīliè	acute; intense
9.	占优势		zhàn yōushì	to gain advantage
10.	决定	（动、名）	juédìng	to decide; decision
11.	胜负	（名）	shèngfù	victory or defeat
12.	力量	（名）	lìliang	strength
13.	技术	（名）	jìshù	technique; skill
14.	主要	（形）	zhǔyào	main; principal
15.	回合	（名）	huíhé	round; bout
16.	消耗	（动）	xiāohào	to consume; to expend
17.	不仅	（连）	bùjǐn	not only
18.	拼体力		pīn tǐlì	fight by exerting all one's strength
19.	取胜		qǔshèng	to win
20.	至于	（连）	zhìyú	as for

注　释　*Notes*

1. 现在正在播国际新闻。

"正在"表示动作处在进行的过程中，进行的动作可以发生在现在，也可以发生在过去或将来。"正在"跟"正、在"意思和用法相同。"正在、正、在"还可以和"呢"同时用。例如：

正在, used before verbs, means that *an action is in progress*. The action may take place in the present, in the past or in the future. 正在 is the equivalent of 正 or 在 both in meaning and function, and the word 呢 can be put at the end of such a sentence. For example:

(1) 现在他们正在准备行李呢。
(2) 昨天我给她打电话的时候，她正看电视呢。
(3) 明天晚上他一定在打网球。

“正在”的否定形式用“没有、没”。例如：

没有 or 没 is used in a negative sentence . For example:

(4) 他们正在准备行李吗？
他们没有准备行李。
(5) 昨天我给她打电话的时候，她正在看电视吗？
她没看电视。

2. 我已经听过英语广播了。

“过”用在动词后边，表示行为动作过去曾经发生。结构形式是“V + 过”。例如：

过, used after verbs, indicates *something that took place in the past*. It should be used like this: V + 过 . For example:

(1) 我看过这本书。
(2) 他今天找过你。
(3) 我们逛过北京的胡同。

否定形式是“没(有) + V + 过”，表示行为动作过去不曾发生。

The negative form of such a sentence is 没(有) + V + 过 . For example:

(4) 我没看过这本书。
(5) 他今天没找过你。
(6) 我们没逛过北京的胡同。

3. 几个回合打下来，……。

“下来”用在动词后边，表示行为动作的完成或结果。结构形式是：“V + 下来”。例如：

下来，used after verbs，indicates the accomplishment or the result of an action. It should be used like this: V + 下来 . For example:

(1) 那架飞机刚降下来。
(2) 他家的电话号码我已经记下来了。
(3) 等雨停下来以后，我再去找你。

4. 比赛不仅要拼体力，也要拼技术。

连词"不仅……，也……"除了表示两方面的情况都有以外，还有强调更进一层的意思。例如：

The structure 不仅……，也…… means *not only. . ., but also. . . .* Its stress falls on the second part with 也……. For example:

(1) 我不仅习惯了这里的天气，也习惯了这里的生活。
(2) 她不仅喜欢吃饺子，也学会了做饺子。
(3) 这事不仅我知道，我朋友也知道。

5. 如果技术拼不过对方，……。

"不过"用在动词的后边，是一种否定形式，表示不可能随动作取胜或超过对方。结构形式是："V + 不过"。例如：

不过，used after verbs，functions as a negative form，indicating *the impossibility of winning* or *surpassing anyone by doing anything*. It should be used like this: V + 不过 . For example:

(1) 你跑得太快，我跑不过你。
(2) 他一次能喝五瓶啤酒，我喝不过他。

它的肯定形式是："V + 得过"。表示能够随动作取胜或超过对手。例如：

The affirmative form of such a sentence is V + 得过 indicating the *possibility of winning* or *surpassing someone by doing something*. For example:

(3) 你跑得不快，我跑得过你。
(4) 他喝得不多，我喝得过他。

6. ……，至于技术就不懂了。

连词“至于”用来引出话题，作进一步阐述。例如：

The conjunction 至于 is used to introduce a subject for discussion. For example:

(1) 我每天都听英语广播，至于要全能听懂就比较难。
(2) 他很喜欢逛北京的胡同，至于这些胡同的传闻他就不太清楚。
(3) 很多人喜欢看拳击比赛，至于拳击的方法了解的人就很少。

练　习 *Exercises*

一、请把下列词语连成词组：

Connect the appropriate words from the two columns below to form phrases:

听	优势
懂	新闻
播	技术
占	广播

二、根据课文内容选择下列句子的正确答案：

Choose the right answer according to the text:

1. 电视里正在播：

a. 英语广播　　b. 新闻联播　　c. 拳击比赛

2. 每天播拳击节目的时间是：

a. 八点半　　b. 七点一刻　　c. 下午两点

3. 决定拳击比赛胜负的是：

a. 个子大小和技术　　b. 个子大小和力量　　c. 技术和力量

4. 播拳击比赛的频道是：

a. 2 频道　　b. 6 频道　　c. 4 频道

三、根据课文内容区别下列句子的正误：（✓）（×）

Indicate whether the following statements are true or false according to the text:

1. 路易斯看新闻联播一点也不费劲。（　　）
2. 路易斯现在想看拳击比赛。（　　）
3. 拳击比赛的时候，大个子胜了小个子。（　　）
4. 珍妮看拳击比赛只是看看热闹。（　　）

四、请把下面的词语组成句子：

Arrange the following words in their correct order:

1. 英语广播　　已经　　我　　过　　听

____

2. 不仅要　　拼技术　　比赛　　拼体力　　还要

____

3. 占了　　想不到　　优势　　小个子

____

4. 是　　外行　　对　　我　　拳击

____

第二十二集　我想他一定是个球迷

课　文　Text

（人物：路易斯、珍妮和杨小芳）
（地点：在路易斯的房间里）
（情景：路、珍、杨三人在谈乒乓球比赛）

路易斯：小芳，听说昨天的乒乓球票很难弄到，是吗？
杨小芳：那是托张明的朋友去买的，他好不容易才弄到了几张票。
珍　妮：我们真幸运，昨天的乒乓球比赛太精彩了，我从来没有看过这么精彩的比赛。
路易斯：谢谢张明，更要谢他的那位朋友，我想他一定是个球迷。
杨小芳：你猜得一点也不错，他每次必看，决不轻易放过。
珍　妮：说也奇怪，一个小小的球，怎么会吸引这么多观众。
杨小芳：这全靠运动员的技术，培养一个优秀的运动员很不容易。
路易斯：要从小时候开始培养，我小时候也练过，对乒乓球有很浓的兴趣，现在还能打几下。
珍　妮：乒乓球是一项很容易普及的运动，在这里到处都能见到。

生　词　New Words

1.	球迷	（名）	qiúmí	fan
2.	托	（动）	tuō	to ask
3.	幸运	（形）	xìngyùn	lucky; fortunate
4.	精彩	（形）	jīngcǎi	excellent; brilliant

5.	从来	（副）	cónglái	always; at all times
6.	轻易	（副）	qīngyì	easily
7.	放过	（动）	fàngguò	to let off
8.	吸引	（动）	xīyǐn	to attract; to fascinate
9.	观众	（名）	guānzhòng	audience; spectator
10.	靠	（动）	kào	to depend on
11.	培养	（动）	péiyǎng	to train; to cultivate
12.	优秀	（形）	yōuxiù	outstanding; excellent; fine
13.	兴趣	（名）	xìngqù	interest
14.	普及	（副）	pǔjí	popular
15.	到处	（副）	dàochù	everywhere

注 释 *Notes*

1. 听说昨天的乒乓球票很难弄到，……。

"到"用在动词的后边，表示动作有了结果。结构形式是"V + 到"。例如：

到, used after a verb, indicates that *the action gets a result*. It should be used like this: V + 到. For example:

(1) 他接到了公司打来的电话。
(2) 你找到护照了吗？
(3) 我还没收到他的信。

2. 他好不容易才弄到了几张票。

"好不容易"是"很不容易"的意思，通常用在动词前边。例如：

The phrase 好不容易 is same as 很不容易, and is usually used before a verb. For example:

(1) 我找了半天，好不容易才找到他。
(2) 去上海的人真多，我好不容易买到了飞机票。
(3) 她好不容易学会了开车。

3. 我从来没有看过这么精彩的比赛。

副词"从来"是表示从过去到现在都是这样的意思，通常多用在表示否定意义的句子中。结构形式是"从来＋没(有)＋V＋过 或 从来＋不＋V."例如：

The adverb 从来 can be used to describe *something that remains the same as it was*. It often appears in a negative sentence. The structure with 从来 should be 从来＋没(有)＋V＋过 or 从来＋不＋V. For example:

(1) 她从来没搬过家。
(2) 我朋友从来不喜欢喝酒。
(3) 他从来不愿意麻烦别人。

4. 决不轻易放过。

"过"用在动词后边，还可以表示动作超过某种限度。例如：

过, used after a verb, also can be used to describe *an action that exceeds a certain limit*. For example:

(1) 我不想放过这个机会。
(2) 今天早上睡过了时间，他来晚了。
(3) 我第一次坐地铁的时候，坐过了站。

5. 这全靠运动员的技术，……。

动词"靠"在这儿是表示依靠的意思。例如：

The verb 靠 in the sentence above means *to depend on* . For example:

(1) 学习主要靠自己的努力。

(2) 他们家靠他爸爸的工资生活。
(3) 靠大家的帮助,我完成了这个工作。

练　习 *Exercises*

一、请把下列词语连成词组:
Connect the appropriate words from the two columns below to form phrases:

吸引 ·	· 球
培养 ·	· 观众
练 ·	· 票
弄 ·	· 运动员

二、根据课文内容选择下列句子的正确答案:
Choose the right answer according to the text:

1.“好不容易才弄到票”的意思是:

a. 很不容易买到票　　b. 非常容易买到票　　c. 不太容易买票

2. 是谁弄到了乒乓球票?

a. 张明　　b. 小芳　　c. 张明的朋友

3.“每次球赛,他决不轻易放过”的意思是:

a. 不一定去看球赛　　b. 一定要去看球赛　　c. 不想去看球赛

4. 乒乓球比赛为什么能吸引观众?

a. 靠运动员的个子　　b. 靠运动员的服装　　c. 靠运动员的技术

三、根据课文内容区别下列句子的正误：（✓）（×）

Indicate whether the following statements are true or false according to the text:

1. 张明的朋友很容易买到票。（　　）
2. 珍妮第一次看到这样精彩的乒乓球比赛。（　　）
3. 路易斯从小就对足球有浓厚的兴趣。（　　）
4. 培养一个优秀的运动员不那么容易。（　　）

四、请把下面的词语组成句子：

Arrange the following words in their correct order:

1. 才　　好不容易　　三张票　　我　　弄到

____

2. 小小的球　　那么多　　观众　　吸引了　　一个

____

3. 参加　　乒乓球　　过　　他　　比赛

____

4. 运动　　很容易　　是　　乒乓球　　普及的

____

第二十三集 我的T恤衫几乎总是湿的

课 文 *Text*

（人物：路易斯和珍妮）
（地点：在路易斯房间里）
（情景：路易斯和珍妮在房间里谈天气）

路易斯：这次旅行什么都挺好，只是……
珍　妮：只是什么？
路易斯：这你还猜不出来？天气太热呗。你忘了，我们几乎天天都出很多汗。
珍　妮：没错，我的T恤衫几乎总是湿的。这次我算是知道这里夏天的滋味了，还记得最热的那天是多少度吗？
路易斯：好像最高气温37度，最低气温31度，简直把人热得喘不上气来。
珍　妮：可不是吗，不但气温高，而且湿度大，比我们那儿闷热多了。
路易斯：你听今天的天气预报了吗？
珍　妮：没呢，怎么，要变天吗？
路易斯：从明天开始要连续下几天雨，天气会一天比一天凉快。
珍　妮：太好了，只要能凉快，下雨算什么。

生 词 *New Words*

1.	T恤衫	（名）	tìxùshān	T – shirt
2.	湿	（形）	shī	wet; moist

3.	出汗		chū hàn	to perspire; to sweat
4.	算	（副）	suàn	to be considered as
5.	滋味	（名）	zīwèi	taste; flavor
6.	记得	（动）	jìde	to remember
7.	气温	（名）	qìwēn	temperature
8.	简直	（副）	jiǎnzhí	simply
9.	喘不上气		chuǎn bu shàng qì	to gasp for breath
10.	湿度	（名）	shīdù	humidity
11.	闷热	（形）	mēnrè	sultry
12.	变天	（名）	biàn tiān	change of weather
13.	连续	（动、副）	liánxù	to continue; continuous

注 释 *Notes*

1. 这你还猜不出来？

"不出来"用在动词后边，表示不能够随动作由隐蔽到显露。结构形式是"V＋不出来"。例如：

不出来, used after a verb, indicates *the impossibility of finding out what is unknown*. The structure of such a sentence should be V＋不出来. For example:

(1) 我猜不出来他是谁。
(2) 十几年没见了，老师都认不出我来了。
(3) 我听不出来这是什么音乐。

肯定形式是："V＋得出来"，表示能够随动作由隐蔽到显露。

The affirmative form of such sentence is V＋得出来, indicating *the possibility of finding out what is unknown*. For example:

(1) 我想你一定猜得出来。
(2) 你认得出来他是谁吗?
(3) 谁听得出来这是什么音乐?

2. 没错,我的T恤衫几乎总是湿的。

“没错”表示同意对方的看法。用于口语。例如:

没错, used in spoken Chinese, shows that the speaker agrees with what the other says. For example:

(1)今天特别冷。
——没错,我穿得很多,可是一点也不暖和。
(2)去那儿可远了。
——没错,坐车要用三、四个小时。

3. 这次我算是知道这里夏天的滋味了。

动词“算”在这儿是表示认作和当作的意思。句子中常有“是”。例如:

The verb 算 in the sentence above means *to be reckoned* or *to be considered as*. It is often followed by 是 . For example:

(1)他找到了工作,算是不用着急了。
(2)看来我的笔算是丢了。
(3)他可以算是南方人。

4. 好像最高气温是37度,……。

副词“好像”是仿佛的意思。例如:

The adverb 好像 means *appear to be*. For example:

(1) 他好像不太舒服。

(2) 房间里好像没有人。

(3) 他好像没听懂你的意思。

5. 简直把人热得喘不上气来。

副词"简直"表示完全是这样,带有夸张的语气。例如:

The adverb 简直 means *simply with a tone of exaggeration.* For example:

(1) 我不想听,简直太让人生气了。

(2) 这些菜太多了,简直吃不了。

(3) 他很了解中国的情况,简直是个中国通。

6. 简直把人热得喘不上气来。

"不上来"表示不能随动作从低处到高处。结构形式是"V+不上(+O)来"。例如:

不上来 indicates that *something cannot be moved from a lower to a higher place.* The structure of such sentence should be V+不上(+O)来. For example:

(1)这个行李太重,一个人拿不上来。

(2)这么高的山,汽车开不上来。

肯定形式是"V+得+上来"。例如:

Its affirmative form is V+得+上来. For example:

(3)那个行李你拿得上来吗?

(4)山不高,汽车开得上来。

练　习　*Exercises*

一、请把下列词语连成词组:

Connect the appropriate words from the two columns below to form phrases:

天气 ·	· 大
气温 ·	· 多
湿度 ·	· 高
汗 ·	· 闷热

二、请给括号中的词语选择适当的位置：

Put the word in the bracket in a proper place in the following sentences:

1. 我 a 是 b 知道这里 c 夏天的滋味了。（算）
2. 这里 a 的天气热得 b 喘不上气来 c 。（简直）
3. 这里的夏天 a 好像 b 我们那儿 c 闷热多了。（比）
4. 我 a 猜 b 出来 c 为什么不好。（不）

三、根据课文内容区别下列句子的正误：（✓）（×）

Indicate whether the following statements are true or false according to the text:

1. 这里的夏天不太热。（　　）
2. 天气预报说明天要下雨。（　　）
3. 最热的那天最高气温是 37 度。（　　）
4. “可不是吗”的意思是不同意对方说的话。（　　）

四、请把下面的词语组成句子：

Arrange the following words in their correct order:

1. 都　　几乎　　很多汗　　出　　天天

____

2. 天气预报　　听　　我　　今天的　　没

____

3. 凉快　　比　　一天　　一天　　天气

____

4. 高　　气温　　湿度　　大　　不但……而且……

____

第二十四集 这雨怎么还不来?

课　文 Text

（人物：路易斯和珍妮）
（地点：在宾馆）
（情景：路易斯、珍妮从外边回到宾馆后聊天）

珍　妮：还是在有空调的房间里舒服多了。不是说要有雨吗？这雨怎么还不来？

路易斯：预报说今天下午天气开始变化。

珍　妮：你知道这时我在盼什么？我真盼冬天快点儿来。

路易斯：我宁可热着点儿，也不想冬天。

珍　妮：那是你家乡的冬天太冷了，把你冷怕了。

路易斯：我们那儿的冬天一来冷空气就刮大风，风力最大的时候有五六级，大风过后，温度经常下降10多度。

珍　妮：温度低倒可以多穿点儿，可刮风是挺讨厌的。

路易斯：温度特别低的时候，风刮在脸上简直受不了。

珍　妮：看来，我得记住冬天的时候一定不能去你的家乡。

路易斯：怎么，不盼冬天了？

生　词 New Words

1.	变化	（动、名）	biànhuà	to change
2.	盼	（动）	pàn	to hope for; to expect
3.	宁可	（副）	nìngkě	would rather; to prefer

4.	空气	（名）	kōngqì	air
5.	风力	（名）	fēnglì	strength of the wind
6.	下降	（动）	xiàjiàng	to lower; to descend
7.	讨厌	（形、动）	tǎoyàn	disgusting; to dislike
8.	受不了		shòu bu liǎo	cannot stand
9.	记住	（动）	jìzhù	to remember; to keep in mind
10.	家乡	（名）	jiāxiāng	hometown; native place

注　释　*Notes*

1. 还是有空调的房间里舒服多了。

“多了”用在形容词后边，表示跟别的比较起来，相差的程度比较大。例如：

多了，used after an adjective in a comparison，indicates *much more... than....* For example:

(1) 这本书容易多了。
(2) 房间里比外边闷热多了。
(3) 我们坐车去快多了。

2. 我宁可热着点儿，也不想冬天。

“宁可……也……”是一个常用结构，表示通过对两事物进行比较后，选择其中较为合适的。例如：

宁可……也…… is another commonly used structure，meaning *would rather... than....* It is used to indicate a better choice in a comparison. For example:

(1) 我宁可呆在家里，也不跟他去公园。
(2) 宁可我们公司受损失，也不能让你们公司受损失。
(3) 他宁可不睡觉，也要看完这本书。

3. 温度低倒可以多穿点儿，可刮风是挺讨厌的。

“……倒……，可(是)……”是一种表示让步的结构，先用“倒”承认某种事实，然后用表示转折的词语加以强调另一事实。结构形式是“……倒……，可(是)〔或者但(是)、不过、就是〕……”。例如：

……倒……，可（是）…… is a kind of structure of concession, in which the first part, 倒 is used to accept a fact; while in the second part the adversative 可 (是), 但 (是)，不过 or 就是 is used to emphasize another fact. For example:

(1) 衣服贵倒可以不买，可是书一定得买。

(2) 住那儿倒安静，就是上班不方便。

(3) 他汉语说得倒挺快，但是发音不清楚。

练　习 *Exercises*

一、请把下列词语连成词组：

Connect the appropriate words from the two columns below to form phrases:

温度 ·	· 冬天
风力 ·	· 下降
房间 ·	· 大
盼 ·	· 舒适

二、请给括号中的词语选择适当的位置：

Put the word in the bracket in a proper place in the following sentences:

1. a 他 b 热着点也 c 不想冬天。(宁可)
2. a 你这时 b 知道她 c 盼什么？(在)
3. 温度低 a 可以 b 多穿点儿，c 可刮风挺讨厌。(倒)
4. a 他们那儿 b 一来冷空气 c 刮大风。(就)

三、根据课文内容区别下列句子的正误：（√）（×）

Indicate whether the following statements are true or false according to the text:

1. 珍妮在盼春天。（　　）
2. 路易斯不怕热天。（　　）
3. 珍妮不想去路易斯的家乡。（　　）
4. 他们住的房间没有空调。（　　）

四、请把下面的词语组成句子：

Arrange the following words in their correct order:

1. 简直　　风　　在脸上　　受不了　　刮

　　______________________________

2. 下午　　今天　　开始　　天气　　变化

　　______________________________

3. 冬天　　极了　　他家乡的　　冷

　　______________________________

4. 有　　不是说　　雨　　今天　　吗

　　______________________________

第二十五集 我最喜欢春天

课　文 *Text*

（人物：路易斯和珍妮）
（地点：在宾馆的庭院里）
（情景：路易斯、珍妮吃完晚饭在宾馆的庭院里散步）

珍　妮：中国南北气候差别真大，北方干燥，比较凉快，南方潮湿，比较炎热。

路易斯：其实，最热的时候，北方的温度也够高的，不同的是早晚温差大一些。

珍　妮：按照中国日历，也就是“阴历”，现在大概进入中伏了，“三伏天”是一年中最热的时候。

路易斯：我好像听说过。“三伏天”大约在每年六月下旬到八月中旬这段期间。

珍　妮：过了初伏、中伏、末伏这三伏，秋天就快到了。

路易斯：人们都说秋天是北京最好的季节。蓝天、白云，空气清新、凉爽，天气不冷也不热，是外出郊游最理想的时候。

珍　妮：一般来说，寒冷的冬天过后，人们都在盼望春暖花开的时刻。

路易斯：听说北京的春天比较短，并不是最好的季节，天气变化比较大，而且经常刮风。

珍　妮：真遗憾，我最喜欢春天了。

路易斯：没关系，我们可以去昆明，那里四季如春。

生　词　New Words

1.	气候	（名）	qìhòu	climate
2.	差别	（名）	chābié	difference
3.	干燥	（形）	gānzào	dry
4.	其实	（副）	qíshí	in fact; indeed
5.	温差	（名）	wēnchā	difference in temperature
6.	按照	（介）	ànzhào	according to
7.	日历	（名）	rìlì	calendar
8.	阴历	（名）	yīnlì	lunar calendar
9.	伏(天)	（名）	fú	hot season; dog days
10.	大约	（副）	dàyuē	about; approximately
11.	旬	（名）	xún	a period of ten days
12.	季节	（名）	jìjié	season
13.	蓝	（形）	lán	blue
14.	郊游	（动）	jiāoyóu	to go on an outing; excursion
15.	理想	（名、形）	lǐxiǎng	ideal
16.	遗憾	（名、形）	yíhàn	pity; regret

注　释　Notes

1. 其实，最热的时候，……。

副词“其实”表示所说的是实际情况。用在动词或主语前。例如：

The adverb 其实 is used to indicate *what one says is true*. It can be placed before a verb or the subject of a sentence. For example:

（1）其实很多人都喜欢不冷也不热的天气。

（2）有人说汉语难学，其实不难。

（3）他其实每天来得最早。

2. 北方的温度也够高的，……。

"够……的"跟形容词连用，表示程度很高或程度很深。例如：

够……的 with an adjective in between shows *a high degree* . For example:

（1）没想到这儿的东西够贵的。

（2）我们已经走了一个多小时了，真够远的。

（3）这几天够闷热的。

3. 按照中国的日历，……。

介词"按照"在句子中，跟名词、短语、小句组成介词结构。是依照和根据的意思。例如：

The preposition 按照 means *according to*.... It can be followed by a noun, a phrase or a minor sentence. For example:

（1）按照计划，他明天该回来了。

（2）他按照大夫的意见每天工作四小时。

（3）请你按照经理的要求提出改进意见。

4. 天气不冷也不热，……。

"不……不……"中间嵌入意思相对的单音节形容词。表示正合适或适中的意思。例如：

Two opposite monosyllabic adjectives can be put one after the other in the structure 不……不…… meaning *suitable* or *moderate*. For example:

（1）我们来得不早也不晚。

（2）这双鞋不大也不小，穿着真舒服。

（3）这些水果不多不少刚好十块钱。

5. 听说北京的春天比较短，……。

"听说"是听别人说的意思。在句子中作插入语。例如：

The parenthesis 听说 means *it is said that*. . . . For example:

(1) 听说那儿的天气非常热。
(2) 听说他去南方的时候病了。
(3) 听说他又出洋相了。

6. 而且经常刮风,……。

连词"而且"常用在第二个句子的开头,表示更进一层的意思。例如:

The conjunction 而且, often used at the beginning of a second clause, is used for further explanation. For example:

(1) 我的朋友都喜欢旅游,而且喜欢去有山的地方。
(2) 他每天都起得最早,而且睡得最晚。
(3) 他参加了唱歌比赛,而且得了第一名。

练 习 *Exercises*

一、请把下列词语连成句子:

Connect the appropriate words from the two columns below to form phrases:

温差 ·	· 凉爽
秋天 ·	· 大
北方 ·	· 干燥
南方 ·	· 潮湿

二、根据课文内容选择下列句子的正确答案:

Choose the right answer according to the text:

1. 三伏天是:

a. 五月中旬到七月下旬

b. 六月下旬到八月中旬

c. 六月上旬到八月中旬

2. 北京的秋天最好是因为：

a. 早晚温差大　　b. 天气不冷不热　　c. 天气变化比较大

3. 过了三伏天就快到：

a. 冬天　　b. 秋天　　c. 春天

4. 在北京外出郊游最理想的季节是：

a. 春天　　b. 夏天　　c. 秋天

三、根据课文内容区别下列句子的正误：（√）（×）

Indicate whether the following statements are true or false according to the text:

1. 珍妮最讨厌春天。（　　）
2. 三伏天是一年中最好的时候。（　　）
3 中国南北的气侯差别很大。（　　）
4. "四季如春"的意思是一年的天气都跟春天一样好。（　　）

四、请把下面的词语组成句子：

Arrange the following words in their correct order:

1. 温度　　北方的　　够高的　　夏天　　也

____

2. 早晚的　　这里　　差别　　温度　　很大

____

3. 春暖花开　　人们　　盼望　　都　　的时刻

____

4. 北京的春天　　最好的　　并不是　　季节　　听说

____

第二十六集 这雨还真够大的

课　文 *Text*

(人物:路易斯和珍妮)
(地点:在宾馆)
(情景:路易斯站在窗前看着外边的雨,就在这时被淋湿的珍妮跑进宾馆。路易斯急忙跑出房间,在楼道迎珍妮)

路易斯:昨天就说今天要来雨,怎么出去就不知道带着伞?看你淋成这个样子。

珍　妮:出去的时候,天看上去还好好的,哪知道说变就变了。

路易斯:北京雨季的时候常常是这样。

珍　妮:这雨还真够大的,刚才还出太阳,没多久黑云就上来了,马上能看到闪电,听到雷声,挺可怕的。

路易斯:既然已经打闪、打雷了,你就该找个地方躲一躲。

珍　妮:我想快点走,说不定赶不上这场雨。没想到这雨说下就下了。

路易斯:这样的雨是雷阵雨,来得很快。不打伞,不穿雨衣的话,马上就会被淋湿。

(这时珍妮打起了喷嚏。)快把湿衣服换下来,不然准会感冒。

珍　妮:瞧你说的,我哪能这么娇气。

生　词 *New Words*

1. 淋	(动)	lín	to drench
2. 伞	(名)	sǎn	umbrella
3. 太阳	(名)	tàiyáng	the sun

4. 闪电	(名)	shǎndiàn	lightning
5. 雷声		léishēng	the sound of thunder
6. 可怕	(形)	kěpà	fearful; terrible
7. 既然	(连)	jìrán	since; as
8. 躲	(动)	duǒ	to avoid; to hide
9. 赶不上		gǎn bú shàng	unable to catch up with; to fall behind
10. 雷阵雨	(名)	léizhènyǔ	thundershower
11. 打喷嚏		dǎ pēntì	to sneeze
12. 不然	(连)	bùrán	otherwise
13. 娇气	(形)	jiāoqì	squeamish; finicky

注 释 *Notes*

1. 看你淋成这个样子。

动词"成"可以用在动词的后边,说明动作的结果。意思是由一种状况转变为另一种状况。结构形式是:"V+成"。例如:

The verb 成 can be used after a verb to indicate the result of an action — *a change from one state to another*. For example:

(1)这个故事已经拍成电影了。
(2)他已经长成大人了。
(3)那个足球场改成停车场了。

2. 天看上去还好好的,……。

"看上去"在句子中用作插入语。表示从外表估计的意思。例如:

The parenthesis 看上去 means *to judge from the outward appearance*. For example:

(1)他看上去很年轻。
(2)他做的饭看上去很好吃。
(3)看上去他像个运动员。

3. 哪知道说变就变了。

"说……就……"是一个常用结构，中间嵌入两个相同的动词，表示两个动作连续发生。结构形式是："说 + V ① + 就 + V ①"。例如：

A verb can be repeatedly placed in the structure 说……就…… to indicate that *two actions take place one after another*. The structure should be used this way: 说 + V ① + 就 + V ①. For example:

(1)这么贵的东西，你怎么说买就买？
(2)别说走就走，再坐一会儿。
(3)说干就干，干完了再休息。

4. 既然已经打闪、打雷了，你就该找个地方躲一躲。

"既然……，就……"是一个常用句式，"既然"用在前边的句子中，用来提出已经肯定的情况，"就"用在后边的句子中，表示根据前边的情况推出结论。例如：

既然……，就…… is an commonly – used structure. 既然 in the first part means *since introducing a fact*. whereas 就 in the second part comes to a conclusion. For example:

(1)你既然病了，就应该好好休息。
(2)他既然不知道这件事，我们就不要告诉他了。
(3)他既然说"对不起"了，你就别再生气了。

5. 快把湿衣服换下来，……。

"下来"用在动词后边，表示完成，这类动作通常是自上而下进行的，有时含有脱离附着原来物体的意思。结构形式是："V + 下来"。例如：

下来, used after a verb, indicates *the completion of an action in the sense of up and down*, or *on and off*. It should be used like this: V + 下来. For example:

(1)进房间的时候，要先把鞋脱下来。
(2)我刚才把手表摘下来后，忘了放在哪儿了。
(3)他把书从上边拿下来。

6. 不然准会感冒。

副词“不然”是如果不这样的意思，也可以说“要不然”，通常用在说明结果的句子中，例如：

The adverb 不然 means *otherwise*. It can be replaced by 要不然 and is often used in a resultative clause. For example:

(1)你晚点儿再来电话，不然他还没回来。
(2)我们现在就应该准备晚会，不然太晚了。
(3)你应该去医院打针，不然会疼得更厉害。

练 习 Exercises

一、请把下列词语连成词组：

Connect the appropriate words from the two columns below to form phrases:

打	雨
躲	雷
换	太阳
出	衣服

二、请给括号中的词语选择适当的位置：

Put the word in the bracket in a proper place in the following sentences:

1. a 已经 b 下雨了，c 你该找个地方躲一躲。（既然）
2. a 快脱下湿衣服，b 会 c 感冒的。（不然）
3. a 天挺好的，b 说变 c 就变了。（看上去）
4. a 我想 b 快点走，c 就要下大雨了。（说不定）

三、根据课文内容区别下列句子的正误：（✓）（×）

Indicate whether the following statements are true or false according to the text:

1. 珍妮不知道今天有雨。（ ）

2. 下雷阵雨，不打伞不穿雨衣没关系。（　　）

3. 不把湿衣服换下来，一定会感冒。（　　）

4. 珍妮认为自己身体好，淋了雨没关系。（　　）

四、请把下面的词语组成句子：

Arrange the following words in their correct order:

1. 怎么　　这个　　你　　淋成　　样子

____

2. 雨　　就下了　　说下　　没想到

____

3. 出去　　怎么　　你　　呢　　不带伞

____

4. 雨季　　是这样　　北京的　　常常

____

第二十七集

你在发烧

课　文　*Text*

（人物：路易斯和珍妮）
（地点：在房间里）
（情景：路易斯、珍妮在房间看书，珍妮不停地擦鼻涕。珍妮走到窗前要关窗户。）

路易斯：	好容易凉快了一点儿，你干吗要关窗户？
珍　妮：	今天一早，我就觉得身上哪儿都不舒服，现在又觉得挺冷的，恐怕是感冒了。
路易斯：	（摸了摸珍妮的头。）可不是，你在发烧呢，而且烧得还挺高。我去给你拿体温表。（珍妮在试表。过了一会儿。）时间到了，多少度？
珍　妮：	38度6。
路易斯：	赶快吃退烧药，不然晚上会烧得更高。除了发烧以外，你还有什么感觉？
珍　妮：	鼻子不通，嗓子疼得很厉害，头也有点儿疼。
路易斯：	你着凉了，肯定是昨天被雨淋的。这两天你得好好休息。
珍　妮：	看来明天的购物计划算是吹了。
路易斯：	吹不了，说不定我们得去医院"购物"了。
珍　妮：	瞧你，人家都这么难受了，你还开玩笑。

生　词　*New Words*

1. 鼻涕　（名）　bítì　　nasal mucus; snivel

2.	恐怕	（副）	kǒngpà	perhaps; maybe
3.	体温表	（名）	tǐwēnbiǎo	thermometer
4.	退烧		tuìshāo	to reduce or alleviate a fever
5.	症状	（名）	zhèngzhuàng	symptom
6.	嗓子	（名）	sǎngzi	throat; voice
7.	着凉	（动）	zháoliáng	to catch a cold; to catch a chill
8.	肯定	（动、形）	kěndìng	to affirm; definitely
9.	购物		gòu wù	to go shopping
10.	吹	（动）	chuī	to break up
11.	计划	（名、动）	jìhuà	plan; to plan
12.	难受	（形）	nánshòu	to feel unwell; to feel ill

注 释 *Notes*

1. 好容易凉快了一点儿。

副词"好容易"是很不容易的意思。例如：

The adverb 好容易 means 很不容易. For example:

(1)我好容易才打听到他家的地址。

(2)好容易不冷了，你怎么还穿那么多衣服？

(3)上星期我好容易跟他见了一次面。

2. 恐怕是感冒了。

副词"恐怕"表示估计有某种可能，含有担心的意味。例如：

The adverb 恐怕 means *be afraid or possibly*. For example:

(1)今天恐怕要下大雨。

(2)你不告诉她，恐怕她会生气的。

(3)现在去恐怕来不及了。

3. 看来明天的购物计划算是吹了。

"看来"表示根据实际情况估计。在句子中作插入语。例如：

The parenthesis 看来 is used to express the speaker's inference from a fact. For example:

(1)今天看来够冷的。
(2)都这么晚了，看来她来不了了。
(3)看来这事不那么容易解决。

4. 你还开玩笑。

"开玩笑"的意思是用语言或行为逗人。例如：

开玩笑 means *to tease or joke with somebody*. For example:

(1)他是跟你开玩笑，你别认真。
(2)他喜欢开别人的玩笑。
(3)他跟大家开了个玩笑。

练　习 *Exercises*

一、请把下列词语连成词组：

Connect the appropriate words from the two columns below to form phrases:

体温	烧
嗓子	不通
发	高
鼻子	难受

二、请给括号中的词语选择适当的位置：

Put the word in the bracket in a proper place in the following sentences:

1. a 凉快 b 一点 c 就要关窗户。(好容易)

2. 我 a 觉得身上 b 不舒服，c 是感冒了。（恐怕）

3. a 鼻子 b 不通以外，c 头也很疼。（除了）

4. a 明天的 b 购物计划算是 c 吹了。（看来）

三、根据课文内容区别下列句子的正误：（√）（×）

Indicate whether the following statements are true or false according to the text:

1. 珍妮现在正在发烧，但不厉害。（　　）
2. 珍妮除了发烧以外，没有别的症状。（　　）
3. 珍妮着凉是因为昨天被雨淋的。（　　）
4. 他们计划明天去医院"购物"。（　　）

四、请把下面的词语组成句子：

Arrange the following words in their correct order:

1. 疼得　　很　　嗓子　　我的　　厉害

____

2. 你　　休息　　得　　这两天

____

3. 都　　不舒服　　觉得　　我　　哪儿

____

4. 体温表　　拿　　我　　给你　　去

____

第二十八集 别忘了按时吃药

课文 Text

（人物：路易斯和珍妮）
（地点：在房间里）
（情景：珍妮躺在床上，不时地咳嗽着。路易斯在穿衣服准备出去。）

珍　妮：中午你就别急着回来了，我自己随便弄点吃的就行了。
路易斯：我都安排好了。你只管好好休息，别操这么多心了。今天你感觉怎么样？
珍　妮：嗓子不那么疼了，但咳嗽一点儿不见好。
路易斯：你不能太心急，刚吃了一天药，效果不会这么明显。
珍　妮：这两天我光吃药了，吃得一点儿胃口都没有了。
路易斯：咳！这就是吃药的副作用。停药以后会好的。昨天晚上你已经不烧了吧？
珍　妮：还有点低烧。
路易斯：我们去看看中医、吃点中药，怎么样？听说中药的副作用比较小。
珍　妮：什么中药、西药的，我什么药也不想吃了。你快走吧，说不定下午我的咳嗽就见好了。
路易斯：那我快去快回。你别忘了按时吃药。

生词 New Words

1. 按时	ànshí	on time
2. 不时	bùshí	often; frequently

3.	咳嗽	（动）	késou	to cough
4.	安排	（动）	ānpái	to arrange; to plan
5.	只管		zhǐguǎn	merely; simply
6.	操心		cāoxīn	to worry about; to be troubled
7.	感觉	（名）	gǎnjué	feeling
8.	见好		jiànhǎo	to get better
9.	效果	（名）	xiàoguǒ	result; effect
10.	明显	（形）	míngxiǎn	obvious
11.	副作用	（名）	fùzuòyòng	side effect

注　释　*Notes*

1. 别忘了按时吃药。

介词"按"可以跟名词和短语等组成介词结构，意思是遵照某种标准去作某事。例如：

The preposition 按 means *according to* or *to follow a certain standard*. It can be used with a noun or a nominal phrase to form a prepositional phrase. For example:

(1)我们都按年龄参加比赛。
(2)这里是按月付房费和电话费。
(3)我按经理提出的意见修改了计划。

2. 你只管好好休息，……

副词"只管"表示没有条件限制，可以放心去做。通常不用在表示否定的句子中。例如：

The adverb *只管* means *by all means* or *do not hesitate*. Generally, it can not be used in a negative sentence. For example:

(1)有什么需要我帮忙的，你只管说。
(2)你只管把意见提出来。
(3)商店里的东西你只管挑选。

3. 别操这么多心了。

动词"操心"的意思是费心考虑或照料。例如：

The verb 操心 means *to bother oneself over something*, or *worry about something*. For example:

(1)这事不用他操心，一定能办好。

(2)他为朋友治病操了不少心。

(3)她总为别人操心。

4. 什么中药、西药的，……。

疑问代词"什么"在这儿不表示疑问，而表示对所说的事物加以否定。含有不满或轻视的意味。例如：

The interrogative pronoun 什么 here shows the speaker's negative attitude towards something. It carries a tone of dissatisfaction or distaste. For example:

(1)外面很暖和，你穿什么大衣？

(2)什么历史、文学，我都不感兴趣。

(3)高兴什么，最后的结果还不知道呢。

练　习 *Exercises*

一、请把下列词语联成词组：

Connect the appropriate words from the two columns below to form phrases:

效果	急
心	见好
副作用	明显
咳嗽	小

二、请给括号中的词语选择适当的位置：

Put the word in the bracket in a proper place in the following sentences:

1. a 你自己 b 弄点 c 吃的吧。(随便)
2. a 你 b 好好休息,c 我都安排好了。(只管)
3. a 吃了 b 一天药,效果 c 不会这么明显。(刚)
4. a 你别 b 忘了 c 吃药。(按时)

三、根据课文内容区别下列句子的正误:(√)(×)

Indicate whether the following statements are true or false according to the text:

1. 路易斯给珍妮安排好了晚饭。(　　)
2. 珍妮的嗓子不疼了,但有点咳嗽。(　　)
3. 珍妮吃了药以后,饭也吃得多了。(　　)
4. 路易斯中午有事,不能回来。(　　)

四、请把下面的词语组成句子:

Arrange the following words in their correct order:

1. 已经　　她　　不发烧　　昨天　　了

____

2. 小　　中药的　　听说　　比较　　副作用

____

3. 不　　你　　太心急　　能

____

4. 按时　　你　　吃药　　别忘了

____

第二十九集 我还是该去看看中医

课　文　Text

（人物：路易斯、珍妮和张明）
（地点：在路易斯的房间里）
（情景：张明来宾馆看望珍妮时，跟路、珍在一起谈话）

张　明：	珍妮，见好了吗？
珍　妮：	别的症状都没有了，只是还咳嗽。
路易斯：	我昨天就跟她说去看看中医，吃点儿中药。她说什么也不听。
珍　妮：	中药又苦又涩，而且药量又比西药大，不更伤身体吗？
张　明：	这你就外行了。中药的副作用比西药小，药性也温和得多。不过，西药有西药的作用，一般是得了急病，先看西医，吃西药。
珍　妮：	难道不能看中医，吃中药吗？
张　明：	能是能，但是西药的药效快，可以比较快地控制病情。而中药的药效较慢。
路易斯：	我明白了，有时候中药比西药对身体的损害小一些。
珍　妮：	照你们这么说，我还是该去看看中医。

生　词　New Words

1. 苦	（形）	kǔ	bitter
2. 涩	（形）	sè	puckery; astringent
3. 药量	（名）	yàoliàng	dosage
4. 伤身体		shāngshēntǐ	to be harmful to health

5. 药性	(名)	yàoxìng	nature of a drug
6. 温和	(形)	wēnhé	mild; gentle
7. 作用	(动、名)	zuòyòng	to work; effect
8. 难道	(副)	nándào	could it be said that...
9. 药效	(名)	yàoxiào	efficacy of a drug
10. 控制	(动)	kòngzhì	to control
11. 明白	(动)	míngbai	to understand
12. 损害	(动)	sǔnhài	to damage

注　释 *Notes*

1. 只是还咳嗽。

副词"只是"在这儿用来强调说明某种情况或范围。例如：

The adverb 只是 here is used to emphasize a certain situation or its limits. For example:

(1)他的病已经好了，只是还不能马上上班。
(2)我特别想去长城，只是现在没有时间。
(3)我只是听说过他，但是不了解他。

2. 她说什么也不听。

"说什么也"是在口语中常用的结构，表示坚决，在语气上强调的意味较浓。例如：

The phrase 说什么也 indicates *one's determination*. It is used in spoken Chinese with strong emphasis. For example:

(1)今天这么冷，我说什么也不出去。
(2)他这两天说什么也吃不下东西。
(3)去那儿旅行很不方便，但他说什么也要去。

3. 中药又苦又涩，……。

"又……又……"是一个常用结构，说明两种或两种以上的状态或情况都存在。例如：

The structure 又……又…… denotes *simultaneous existence of two or more situations*. The structure is often used like this: 又 + adj. + 又 + adj. For example:

(1)这件衣服又便宜又好看。
(2)这个电影又长又难懂。
(3)那个地方又远又没意思。

4. 不更伤身体吗?

"不……吗"组成表示肯定的反问句,用来强调。也可以说"不是……吗"。例如:

不……吗, is the same as 不是……吗, and is used to form a rhetorical question and emphasize. For example:

(1)这种方法不更好吗?
(2)他不已经回国了吗?
(3)你不是不想说吗?

5. 难道不能看中医、吃中药吗?

副词"难道" 组成反问句,用来加强反问语气。例如:

The adverb 难道, is used in a rhetorical question to reinforce. For example:

(1)难道这种事情还少吗?
(2)他难道不想再提高了吗?
(3)难道我们就没有办法了吗?

6. ……,而中药的药效较慢。

连词"而" 用在后一句子的句首,可以用来表示转折,说明前后两句中的情况是相反的。例如:

The conjunction 而, used at the beginning of a following clause, has a adversative function. The two parts of such sentence are opposite in meaning. For example:

(1)这里已经开花了,而北方还在下雪。
(2)他哥哥喜欢运动,而他喜欢呆在家里看书。
(3)我们住在一个房间里,他不觉得冷,而我觉得挺冷的。

练　习 *Exercises*

一、请把下列词语连成词组：
Connect the appropriate words from the two columns below to form phrases:

药效	温和
药性	病情
损害	快
控制	身体

二、根据课文内容选择下列句子的正确答案：
Choose the right answer according to the text:

1. 中药的副作用：

a. 比西药大　　b. 比西药小　　c. 跟西药一样

2. 一般得了急病先去看西医，因为：

a. 西药好吃喝　　b. 西药便宜　　c. 西药药效快

3. 中药的味道：

a. 又酸又辣　　b. 又甜又咸　　c. 又苦又涩

4. 珍妮最后决定：

a. 看中医　　b. 看西医　　c. 中医西医都不看

三、根据课文内容区别下列句子的正误：（√）（×）
Indicate whether the following statements are true or false according to the text:

1. 中医药量越大越伤身体。（　　）

2. 西药和中药的药性都很温和。(　　)

3. 中药对身体没有什么损害。(　　)

4. 西药可以较快地控制病情。(　　)

四、请把下面的词语组成句子：

Arrange the following words in their correct order:

1. 难道　　中药　　吃　　不能　　吗

____

2. 好　　还没有　　珍妮的病　　完全

____

3. 不听　　说什么　　也　　她

____

4. 看中医　　去　　还是　　我　　该

____

第三十集　复　习

Review

1

A. 一个小小的球，怎么会吸引这么多观众？

B. 这全靠运动员的技术，培养一个优秀运动员很不容易。

2

A. 这次我算是知道这里夏天的滋味了，还记得最热的那天是多少度吗？

B. 好像最高气温 37 度，最低气温 31 度，简直把人热得喘不上气来。

3

A. 既然已经打闪打雷了，你就该找个地方躲一躲。

B. 我想快点走，说不定赶不上这场雨。没想到这雨说下就下了。

4

中国南北气候差别很大，北方干燥，比较凉快，南方潮湿，比较炎热。听说北京的春天不太长，并不是最好的季节，天气变化大，而且常常刮风。北京最好的季节是秋天，天气凉爽，不冷也不热，是最理想的时候。

练　习　*Exercises*

一、请把下列词组或短语连成句子：

Join the appropriate phrases from the two columns below to form sentences:

这场球赛 ·	· 简直喘不上气来
风吹在脸上 ·	· 简直太难了
天气热得 ·	· 简直受不了
这篇文章 ·	· 简直太精彩了

二、请给括号中的词语选择适当的位置：

Put the word in the bracket in a proper place in the following sentences:

1. a 把人 b 热得 c 喘不上气来。（简直）
2. 既然已经打闪打雷了，a 你就 b 找个地方 c 躲一躲。（该）
3. 我想快点走，a 赶不上 b 这场雨 c。（说不定）
4. 没想到 a 这场雨 b 说下 c 下了起来。（就）

三、选择合适的词语填空：

Fill in the following blanks with a proper word from the words given below:

好　大　秋天　干燥　冷　潮湿　刮风　热　最好

中国南北气候差别很大，北方__________，比较凉快，南方__________，比较炎热。北京的春天并不是__________的季节，天气变化__________，而且常常__________，北京最__________的季节是__________，天气凉爽，不__________也不__________，是最理想的时候。

四、请把下面的词语组成句子：

Arrange the following words in their correct order:

1. 春天　北京的　不　我　喜欢

____

2. 秋天　不冷　不热　也　最理想

____

3. 差别　中国南方　气候　和北方的　很大

____

4. 很不容易　一个　培养　运动员　优秀的

____